农民工权益维护指南

（第三版）

就业技能培训教材 | 人力资源社会保障部职业培训规划教材
人力资源社会保障部教材办公室组织编写

中国劳动社会保障出版社

图书在版编目（CIP）数据

农民工权益维护指南 / 人力资源社会保障部教材办公室组织编写. -- 3 版. -- 北京：中国劳动社会保障出版社，2018

ISBN 978-7-5167-3755-2

Ⅰ.①农… Ⅱ.①人… Ⅲ.①民工–权益保护–中国–指南 Ⅳ.①D923.8-62

中国版本图书馆 CIP 数据核字（2018）第 287200 号

中国劳动社会保障出版社出版发行

（北京市惠新东街 1 号　邮政编码：100029）

*

中国标准出版社秦皇岛印刷厂印刷装订　新华书店经销

787 毫米 × 1092 毫米　48 开本　3.125 印张　53 千字

2018 年 12 月第 3 版　2021 年 10 月第 4 次印刷

定价：7.50 元

读者服务部电话：(010) 64929211/84209101/64921644

营销中心电话：(010) 64962347

出版社网址：http://www.class.com.cn

版权专有　　侵权必究

如有印装差错，请与本社联系调换：(010) 81211666

我社将与版权执法机关配合，大力打击盗印、销售和使用盗版图书活动，敬请广大读者协助举报，经查实将给予举报者奖励。

举报电话：(010) 64954652

目 录

一、劳动合同是农民工维护自身权益的护身符

1. 用人单位不依法与农民工签订书面劳动合同的,应承担什么责任 ……………………3

2. 劳动合同的必备条款有哪些 …………………5

3. 在劳动合同中约定试用期有哪些法律规定和注意事项 ………………………………7

4. 用人单位给劳动者调整工作岗位的,是否可以再约定试用期 ……………………… 12

5. 在什么情况下劳动者可以要求订立无固定期限劳动合同 ……………………………… 12

6. "工伤自理"的条款是否有效 ……………… 15

7. 劳动合同签订后,要修改内容怎么办 …… 16

8. 在什么情况下,劳动者可以解除劳动合同,并要求用人单位支付经济补偿 ……………… 17

9. 在什么情形下用人单位可以随时解除劳动合同 ………………………………………… 18

10. 哪些情况下用人单位提前30天通知劳动者可以解除劳动合同 …………………………… 20
11. 哪些劳动者在其无过错时用人单位不得与其解除劳动合同 …………………………………… 22
12. 固定期限劳动合同到期终止,用人单位是否应支付经济补偿 …………………………………… 26
13. 劳动合同到期,用人单位没有及时续签合同,但劳动者继续在用人单位工作的,劳动者可以主张什么权益 ………………………………… 26
14. 用人单位不续签劳动合同的,终止劳动合同经济补偿金该怎么计算 ……………………… 27
15. 用人单位违法解除劳动合同,劳动者可以主张哪些权利 …………………………………………… 28
16. 劳动者提前解除劳动合同,还要支付违约金吗 …………………………………………………… 29
17. 农民工在签订劳务派遣协议时要注意哪些事项 …………………………………………………… 31
18. 对从事非全日制用工的要注意哪些法律规定 …………………………………………………… 35

二、依法获得工资是农民工的基本权益

1. 哪些收入属于工资 ……………………………… 37

2. 用人单位应该按时足额支付工资 ………… 39

3. 企业的哪些行为属于无故拖欠劳动者工资… 41

4. 哪些情况下用人单位可以合法扣除劳动者工资 ……………………………………………… 42

5. 什么是最低工资 ……………………………… 43

6. 建筑业企业农民工工资的支付有哪些规定… 48

三、休息休假也是农民工的合法权益

1. 我国对工时制度是如何规定的 …………… 51

2. 延长工作时间有何规定 …………………… 53

3. 延长工作时间的工资如何支付 …………… 57

4. 实行特殊工时制的劳动者，能不能要求单位支付加班费 ……………………………………… 58

5. 女职工特殊假期的休息休假是如何规定的… 60

6. 劳动者生病请假治疗，用人单位扣除全部工资对不对 ……………………………………… 61

7. 农民工有没有带薪年休假 ………………… 62

8. 休带薪年休假有什么条件，如何计算能休多少天 ……………………………………………… 62

9. 哪些情况下劳动者不能享受当年度带薪年休假 ……………………………………………… 64

· III

10. 用人单位没有安排休带薪年假的，劳动者可以主张什么权利 ·············· 65

四、农民工有权获得职业安全条件和劳动保护

1. 农民工享有哪些职业安全卫生基本权利 ··· 66
2. 如何保障农民工的职业安全卫生权益 ····· 67
3. 对从事具有职业危害性工作的农民工应当采取哪些预防措施 ·············· 70
4. 劳动防护用品及其佩戴注意事项 ········· 71
5. 国家对特种作业人员的要求 ············· 72
6. 哪些人可以享受高温津贴 ··············· 73
7. 高温津贴应该按什么标准支付 ··········· 75

五、工伤保险是农民工的安全网

1. 农民工有权参加工伤保险 ··············· 76
2. 农民工在哪些情况下受伤属于工伤 ······· 78
3. 哪些情况下受伤不算工伤 ··············· 80
4. 发生工伤后应及时提出工伤认定申请 ····· 82
5. 申请工伤认定应提交哪些材料 ··········· 83
6. 超过一年没有申请工伤认定，用人单位是不是就不用承担责任了 ·············· 84
7. 工伤认定有争议时由何方承担举证责任 ··· 88
8. 怎样进行劳动能力鉴定 ················· 89

9. 对劳动能力鉴定结论不服该怎么办 ……… 90

10. 因工受伤的农民工能享受哪些工伤保险待遇

    …………………………………………… 91

11. 因工致残一级至四级的农民工享受什么样的伤残待遇 …………………………………… 92

12. 因工致残五级至六级的农民工享受什么样的伤残待遇 …………………………………… 93

13. 因工致残七级至十级的农民工享受什么样的伤残待遇 …………………………………… 95

14. 工伤待遇中的"本人工资"怎么计算 …… 96

15. 用人单位没有为劳动者办理工伤保险,发生工伤事故单位无力承担工伤待遇,劳动者该怎么办 …………………………………………… 97

16. 申请工伤待遇先行支付,需要什么条件 … 98

17. 工伤职工的哪些待遇属于工伤先行支付的范围

    …………………………………………… 98

六、农民工有权参加基本养老保险

1. 为什么要参加基本养老保险 ……………102

2. 参加基本养老保险可以享受什么样的养老保险待遇 ……………………………………103

· V

3. 到其他城市就业的农民工的养老保险关系怎么办 ……104

4. 企业欠缴养老保险费对职工退休后的养老待遇有什么影响 ……105

5. 进城从事个体经营的农民能否参加基本养老保险 ……106

七、农民工有权参加医疗、失业及生育保险

1. 农民工怎样参加医疗保险 ……110

2. 农民工能够享受怎样的失业保险待遇 ……111

3. 农民工依法享受生育保险待遇 ……112

八、农民工与用人单位发生劳动争议时怎么办

1. 发生劳动争议通过哪些程序解决 ……115

2. 什么是"一裁终局"制度?"一裁终局"还可以提起诉讼吗 ……116

3. 哪些劳动争议可以提请劳动争议仲裁 ……118

4. 在劳动争议处理中举证责任是怎样分配的 …121

5. 发生劳动争议时,向哪个劳动争议仲裁委员会申请仲裁 ……123

6. 申请劳动争议仲裁的时效是怎样规定的 …124

7. 劳动仲裁的申请时效能不能中止或中断 …125

8. 在仲裁程序中,有哪些情形可以提起诉讼 …126

目录

    9. 哪些情况下仲裁委员会可以做出先行给付的部分裁决 ······················· 129

    10. 劳动争议仲裁怎么收费 ················· 130

九、农民工怎样通过劳动保障监察来维权

    1. 劳动保障监察机构受理哪些方面的投诉 ··· 131

    2. 怎样向劳动保障监察部门投诉 ············ 132

    3. 劳动保障监察部门可以对哪些事项实施监察 ······················· 133

十、农民工如何提起行政复议或者行政诉讼

    1. 对劳动保障行政部门的哪些行为可以提起行政复议 ······················· 135

    2. 如何申请行政复议 ················· 136

    3. 对行政复议决定不服怎么办 ············ 137

    4. 法律援助是农民工的希望 ············· 137

近年来，全国进城务工的农民工已成为一支新型的劳动大军，对我国经济发展和社会进步做出了重大贡献。但在现实生活中，侵害农民工合法权益的现象还比较严重，如用人单位不与农民工签订劳动合同，拖欠、克扣农民工工资，不按规定提供安全生产条件，不给农民工缴纳社会保险费等。而许多农民工不知道自己应享有哪些权利，更不知道如何保护自己的合法权益。

为帮助农民工朋友了解相关的法律政策，知道维护自身合法权益的方法与途径，本书在《农民工权益维护指南（第二版）》的基础上进行了优化升级，就劳动合同、劳动报酬、休息休假、社会保险等农民工最为关心的问题进行了简明通俗的解释。扫描封底的二维码可以免费查看更多相关政策问答和法律原文。

为便于理解，本书还配以具体的案例分析。相信这本书会成为广大农民工朋友得力的工具和助手，对提高农民工依法维护自身合法权益的意识、增强运用法律手段维护自己合法权益的能力起到积极作用。

《农民工权益维护指南(第三版)》由韩世春统稿,吕鸿雁审稿并作了修改。在修订过程中还得到人力资源社会保障部有关业务部门的大力支持,在此一并致谢。

一、劳动合同是农民工维护自身权益的护身符

1. 用人单位不依法与农民工签订书面劳动合同的，应承担什么责任

劳动合同是劳动者与用人单位确立劳动关系、明确双方权利和义务的协议，也是劳动者维护自身合法权益最基本的依据。

《劳动合同法》强调，建立劳动关系，应当订立书面劳动合同。已建立劳动关系（指发生了实际用工行为），未同时订立书面劳动合同的，应当自用工之日起一个月内订立书面劳动合同。这是考虑到劳动合同的订立需要合理的过程和时间而给予的法定宽限期。为了杜绝用人单位故意不签订或拖延签订书面劳动合同，逃避劳动合同法规定的义务，《劳动合同法》对用人单位签订书面劳动合同的义务作了进

一步明确的规定,加大了用人单位不签订书面劳动合同的法律责任。一是对已建立劳动关系(即已经开始用工),未同时订立书面劳动合同的,应当自用工之日起一个月内订立书面劳动合同。二是用人单位超过法定的一个月宽限期仍未订立书面劳动合同的,即用人单位自用工之日起超过一个月不满一年未与劳动者订立书面劳动合同的,应当自用工满一个月起的次日开始向劳动者每月支付两倍的工资。三是用人单位自用工之日起满一年仍不与劳动者订立书面劳动合同的,视为双方已订立无固定期限劳动合同。这既是对用人单位不签订书面劳动合同的惩罚,也是对劳动者权利的保护。农民工朋友可以充分利用上述法律的规定,维护自己的合法权益。

不过,作为例外,《劳动合同法》允许非全日制用工双方当事人可以订立口头协议。这主要是考虑到非全日制这种灵活用工的需要。

一、劳动合同是农民工维护自身权益的护身符

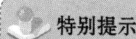

特别提示:

用人单位自用工之日起即与劳动者建立劳动关系,如果用人单位与劳动者在用工前订立劳动合同的,劳动关系也自用工之日起建立。因此,只要用人单位对该劳动者存在用工行为,即使用人单位没有与劳动者订立书面劳动合同,双方之间也建立了劳动关系,劳动者仍然可以要求享有劳动法律法规规定的权利。

2.劳动合同的必备条款有哪些

根据《劳动合同法》的规定,劳动合同的必备条款应包括:

（1）用人单位的名称、住所和法定代表人或者主要负责人。

（2）劳动者的姓名、住址和居民身份证或者其他有效身份证件号码。

（3）劳动合同期限。

（4）工作内容和工作地点。

（5）工作时间和休息休假。

（6）劳动报酬。

（7）社会保险。

（8）劳动保护、劳动条件和职业危害防护。

（9）法律、法规规定应当纳入劳动合同的其他事项。

劳动者签订书面劳动合同时，要仔细看清楚劳动合同的条款是否符合上述规定。

劳动者在签订劳动合同时，首先必须要看清用人单位的信息，注意该用人单位是否是自己实际要工作的单位；其次一定要重点了解劳动合同期限、劳动报酬、工作内容、工作地点等核心条款，这些条款与劳动者的劳动权益关系最为密切，如果

一、劳动合同是农民工维护自身权益的护身符

劳动者在签订劳动合同时,对这些核心条款不加注意,很可能就落入用人单位设置的陷阱,在发生劳动争议时将面临非常被动和不利的局面。

> **特别提示:**
>
> 劳动合同是农民工维护权益的护身符,根据《劳动合同法》的规定,劳动合同文本由用人单位和劳动者各执一份。因此,农民工要有意识地索要自己签订的劳动合同文本,而不能由用人单位"统一"保管。如果用人单位提供的劳动合同文本未载明法律规定的上述必备条款,或者未将劳动合同文本交给劳动者的,由劳动保障行政部门责令改正;给农民工造成损害的,应当承担赔偿责任。所以,农民工朋友应仔细阅读劳动合同内容。另外,不要在空白的劳动合同上签字,合同空白处务必画掉,避免权益受到损害。

3. 在劳动合同中约定试用期有哪些法律规定和注意事项

农民工朋友到城里打工,大都会遇到用人单位提出要先试用的要求。《劳动法》

规定，劳动合同可以约定试用期，最长不得超过6个月。《劳动合同法》在《劳动法》的基础上，进一步细化了试用期期限的具体规定，加大了对试用期劳动者的保护力度。

一是明确规定试用期期限与劳动合同期限相衔接：以完成一定工作任务为期限的劳动合同或劳动合同期限不满3个月的，不得约定试用期；劳动合同期限3个月以上不满1年的，试用期不得超过1个月；劳动合同期限1年以上不满3年的，试用期不得超过2个月；3年以上固定期限和无固定期限的劳动合同，试用期不得超过6个月。

二是同一用人单位与同一劳动者只能约定一次试用期。

三是试用期包含在劳动合同期限内。劳动合同仅约定试用期的，试用期不成立，该期限为劳动合同期限。

四是劳动者在试用期的工资不得低于本单位相同岗位最低档工资或者劳动合同

一、劳动合同是农民工维护自身权益的护身符

约定工资的80%,并不得低于用人单位所在地的最低工资标准。

五是在试用期中,除劳动者有过错或者不胜任工作等情形外,用人单位不得解除劳动合同。用人单位在试用期解除劳动合同的,应当向劳动者说明理由。

> **特别提示:**
>
> (1)试用期也要签订劳动合同并应包含在劳动合同期限内。如果用人单位以"试工"为名,先试用、再签订劳动合同而且将试用期排除在劳动合同期限以外,这种做法是违法的。
>
> (2)签订3个月以下的短期合同、以完成一定工作任务为期限的劳动合同,以及从事非全日制的小时工,不得约定试用期。
>
> (3)用人单位违反本法规定与劳动者约定试用期并已经履行的,由用人单位以劳动者试用期满月工资为标准,按已经履行的超过法定试用期的期间向劳动者支付赔偿金。
>
> (4)在试用期内,用人单位需要为劳动者缴纳社会保险。一些用人单位在试用期内不给劳动者缴纳社会保险费,这种做法是违反法律规定的,侵害了劳动者的合法权益。

 举案说法

试用期也应当签订劳动合同，办理社会保险

2017年3月，张某被某广告公司招聘为工作人员，广告公司通知他于3月15日报到上班，同时告知试用期3个月，试用合格后签订劳动合同，办理社会保险。工作2个月时，张某发现单位同期招聘的另外14名务工人员皆未签订劳动合同、办理社会保险，于是向劳动保障监察机构举报。劳动保障监察机构受理该举报后，及时向该单位人力资源部门负责人调查了解情况，调阅单位员工花名册、工资表、劳动合同和社会保险登记及缴纳材料，发现举报人反映的情况属实。基于以上事实，劳动保障监察机构对该公司下达劳动保障监察限期改正指令书，责令广告公司在7天内与该15名务工人员补签劳动合同，为他们补办社会保险，并对公司

一、劳动合同是农民工维护自身权益的护身符

关于劳动合同试用期约定条款进行特别政策指导。3天后该公司与15名务工人员签订了劳动合同,并为他们补办了2个月的社会保险。

点评:

本案例涉及的焦点是用人单位在员工试用期内是否应当签订劳动合同、办理社会保险。

《劳动法》第十六条规定:"建立劳动关系应当订立劳动合同。"《劳动合同法》进一步明确规定试用期期限与劳动合同期限相衔接:劳动合同期限在3个月以下的,不得约定试用期;劳动合同期限3个月以上不满1年的,试用期不得超过1个月;劳动合同期限1年以上不满3年的,试用期不得超过2个月;3年以上固定期限和无固定期限劳动合同,试用期不得超过6个月。此外,试用期应包含在劳动合同期限内。劳动合同仅约定试用期的,试用期不成立,该期限为劳动合同期限。

因此，本案中的广告公司于试用期结束后再签订劳动合同的做法违反了上述法律法规规定，应当补签劳动合同并按照规定约定试用期，同时，还应当依法为劳动者缴纳社会保险费。

4. 用人单位给劳动者调整工作岗位的，是否可以再约定试用期

《劳动合同法》规定，同一用人单位与同一劳动者只能约定一次试用期。在劳动者已经通过试用期考核，符合用人单位录用条件的情况下试用期已经没有存在的空间。因此，用人单位调整劳动者工作岗位的，不得再约定新岗位的试用期，但是用人单位可以与劳动者约定新岗位的考核期，以确定劳动者是否能够胜任新岗位。

5. 在什么情况下劳动者可以要求订立无固定期限劳动合同

无固定期限劳动合同，是指用人单位与劳动者约定无确定终止时间的劳动合

一、劳动合同是农民工维护自身权益的护身符

同。按照《劳动合同法》的规定,劳动者符合下列条件的,只要劳动者提出订立无固定期限劳动合同的,用人单位应当订立无固定期限劳动合同:

(1)劳动者在该用人单位连续工作满10年的。

(2)用人单位初次实行劳动合同制度或者国有企业改制重新订立劳动合同时,劳动者在该用人单位连续工作满10年且距法定退休年龄不足10年的。

(3)连续订立2次固定期限劳动合同,且劳动者没有《劳动合同法》第三十九条和第四十条第一项、第二项规定的情形,续订劳动合同的。

(4)用人单位自用工之日起满1年不与劳动者订立书面劳动合同的,视为用人单位与劳动者已订立无固定期限劳动合同。

可见,《劳动合同法》不仅将依法应当订立无固定期限劳动合同的情形扩大为4种,而且将在上述情形下签订无固定期

限劳动合同的主动选择权交给了劳动者单方,用人单位不得以不同意订立或者续订为由拒绝订立无固定期限劳动合同。

扫描封底二维码,查看相关法律原文。

> 特别提示:
> (1)如果农民工朋友已经连续两次签订了固定期限劳动合同,且没有过错或者不胜任工作等情形的,可以提出签订无固定期限劳动合同,用人单位应当与其签订无固定期限劳动合同。不过,连续签订的次数是从2008年以后计算。
> (2)《劳动合同法》还规定了用人单位未依法订立无固定期限劳动合同的法律责任,用人单位违反《劳动合同法》规定不与劳动者订立无固定期限劳动合同的,自应当订立无固定期限劳动合同之日起向劳动者每月支付两倍的工资。
> (3)签订了无固定期限劳动合同,并不意味着端上了"铁饭碗",有法定情形发生的,用人单位仍然可以合法解除劳动合同。
> (4)对于在用人单位连续工作满10年的,必须是劳动者在用人单位连续不间断工作满10年,如果中间存在离职又重新入职的情况,那么10年的起算应从重新入职之日起计算。
> (5)有一些用人单位是集团性质的企业,为了

一、劳动合同是农民工维护自身权益的护身符

规避签订无固定期限劳动合同的义务,集团公司往往将劳动者安排在各个项目公司。在这种情况下,10年的计算应当将劳动者在各个项目公司工作的时间累积计算。

6."工伤自理"的条款是否有效

一些用人单位在与劳动者订立劳动合同时,约定劳动者在劳动过程中"工伤自理",即发生工伤的由劳动者自己承担责任,用人单位概不负责;或者约定不为劳动者缴纳社会保险费等内容。尽管在劳动合同订立时劳动者被迫表示同意,但这种约定条款违反了《劳动法》《劳动合同法》《工伤保险条例》等法律法规的强制性规定,因此属于无效条款。农民工可以依法拒绝签订含有类似条款的劳动合同。

特别提示:
(1)劳动合同部分条款无效,不影响其他部分效力的,其他部分仍然有效。劳动者可以要求继续履行劳动合同。

（2）对劳动合同的无效或者部分无效有争议时，应该由劳动争议仲裁机构或者人民法院进行确认。

（3）劳动合同被确认无效，但劳动者已付出劳动的，用人单位应当向劳动者支付劳动报酬。劳动报酬的数额，参照本单位相同或者相近岗位劳动者的劳动报酬确定。

7. 劳动合同签订后，要修改内容怎么办

变更劳动合同约定的内容，应当经用人单位与劳动者协商一致，并采用书面形式。变更后的劳动合同文本应由用人单位和劳动者各留一份。劳动合同的任何一方，在没有法律规定的情况下，都没有权利单方面变更劳动合同内容。

特别提示：

用人单位提出变更劳动合同，但没有采取书面方式签订变更协议，劳动者按照变更后的内容履行劳动合同的，如果劳动者事后反悔，主张变更合同无效的，但变更后的劳动合同实际履行超过一个月的，且变更后的内容不违反法律、行政法规、国家

政策和公序良俗的,则对于劳动者提出未采用书面形式为由主张劳动合同变更无效的要求,法院不予支持。因此,对于用人单位口头变更劳动合同的,劳动者有异议的,必须及时提出。

8. 在什么情况下,劳动者可以解除劳动合同,并要求用人单位支付经济补偿

根据《劳动合同法》《劳动合同法实施条例》的规定,用人单位有下列情形之一的,劳动者可以解除劳动合同:

(1)未按照劳动合同约定提供劳动保护或者劳动条件的。

(2)未及时足额支付劳动报酬的。

(3)未依法为劳动者缴纳社会保险费的。

(4)用人单位的规章制度违反法律、法规的规定,损害劳动者权益的。

(5)因用人单位以欺诈、胁迫的手段或者乘人之危,使劳动者在违背真实意思的情况下订立或者变更劳动合同的。

（6）用人单位以暴力、威胁或者非法限制人身自由的手段强迫劳动者劳动的，或者用人单位违章指挥、强令冒险作业危及劳动者人身安全的，以及其他法律、行政法规规定劳动者可以解除劳动合同的情形。

在上述情形下，劳动者提出解除劳动合同，是因为用人单位的过错所逼迫，所以可以依法要求用人单位支付经济补偿。

> **特别提示：**
> 对于用人单位存在上述违法行为的，农民工除了可以提出解除劳动合同外，也可以向劳动保障行政部门投诉，由劳动保障行政部门责令其改正，维护自己的合法权益。其中，用人单位拖欠劳动报酬的，由劳动保障行政部门责令限期支付；逾期不支付的，责令用人单位按应付金额的50%以上100%以下的标准向农民工加付赔偿金。

9. 在什么情形下用人单位可以随时解除劳动合同

《劳动合同法》对于劳动合同解除的

一、劳动合同是农民工维护自身权益的护身符

条件进行了比较明确的规定,分为双方协商解除劳动合同、劳动者单方解除劳动合同和用人单位单方解除劳动合同三种情况。对于用人单位单方解除劳动合同的情况,又细分成三种情况,其中一种是用人单位可以合法随时解除劳动合同的情况。

根据《劳动合同法》的规定,劳动者有下列情形之一的,用人单位可以解除劳动合同:

(1)在试用期间被证明不符合录用条件的。

(2)严重违反用人单位的规章制度的。

(3)严重失职,营私舞弊,给用人单位造成重大损害的。

(4)劳动者同时与其他用人单位建立劳动关系,对完成本单位的工作任务造成严重影响,或者经用人单位提出,拒不改正的。

(5)以欺诈、胁迫的手段或者乘人之危,使用人单位在违背真实意思的情况下订立或者变更劳动合同的。

（6）被依法追究刑事责任的。

> **特别提示：**
> 劳动者也要遵守国家法律和用人单位的规章制度，否则，劳动者有上述情形的，用人单位可以依法解除劳动合同，并不用提前通知，也不用支付经济补偿。但要注意，用人单位单方解除劳动合同，必须有充分的事实依据和法律依据，而且要履行法定的程序，如果没有充分的事实依据和法律依据，或者没有履行法定程序的，其单方解除行为都是无效的。

10. 哪些情况下用人单位提前30天通知劳动者可以解除劳动合同

有下列情形之一的，用人单位提前30日以书面形式通知劳动者本人或者额外支付劳动者1个月工资后，可以解除劳动合同：

（1）劳动者患病或者非因工负伤，在规定的医疗期满后不能从事原工作，也不能从事由用人单位另行安排的工作的。

（2）劳动者不能胜任工作，经过培训

或者调整工作岗位,仍不能胜任工作的。

(3)劳动合同订立时所依据的客观情况发生重大变化,致使劳动合同无法履行,经用人单位与劳动者协商,未能就变更劳动合同内容达成协议的。

> **特别提示:**
>
> (1)劳动者患病或非因工受伤的情况下,依法应享受医疗期待遇,在医疗期内,用人单位不可以解除或者终止劳动合同。医疗期满之后,用人单位也不是必然就能合法解除劳动合同,必须要进行调岗,在调岗后仍不能从事工作的,用人单位才可以合法解除劳动合同。
>
> (2)很多情况下,用人单位以劳动者不能胜任工作为由任意辞退劳动者,这种做法是不符合法律规定的。劳动者能否胜任工作,要看用人单位安排的工作是否与劳动者的条件相匹配,是否有合法、合理、明确的工作考核标准。经过考核,确认劳动者确实不能胜任工作的,用人单位需要对劳动者进行培训或者调整工作岗位,经过培训或者调整工作岗位后,劳动者仍不能胜任工作的,用人单位才可以合法解除劳动合同。
>
> (3)在实践中,劳动者经常遭遇用人单位以客观情况变化为由解除劳动合同的情况,比如用人单

> 位经营场所变更、经营范围变更、内部重组等,这种情况下用人单位是否能够合法解除劳动合同,必须要符合特定的条件。首先,劳动合同订立时的客观情况必须发生了重大变化;其次,发生的变化造成的结果是劳动合同无法继续履行;最后,用人单位必须与劳动者就变更劳动合同事宜进行协商。

11.哪些劳动者在其无过错时用人单位不得与其解除劳动合同

根据《劳动合同法》的规定,劳动者有下列情形之一的,用人单位不得依照《劳动合同法》第四十条、第四十一条的规定与其解除劳动合同:

(1)从事接触职业病危害作业的劳动者未进行离岗前职业健康检查,或者疑似职业病病人在诊断或者医学观察期间的。

(2)在本单位患职业病或者因工负伤并被确认丧失或者部分丧失劳动能力的。

(3)患病或者非因工负伤,在规定的医疗期内的。

(4)女职工在孕期、产期、哺乳期的。

一、劳动合同是农民工维护自身权益的护身符

（5）在本单位连续工作满15年，且距法定退休年龄不足5年的。

（6）法律、行政法规规定的其他情形。

> 特别提示：
>
> 这是对一些特殊劳动者的解雇保护，即限制用人单位在上述法定情形下解除与这些劳动者的劳动合同，以体现保护弱势劳动者、维护社会公平的精神。不仅用人单位对有上述情形的劳动者不得解除劳动合同，而且即使劳动合同期满后，用人单位也不得与其终止劳动合同。劳动合同应当续延至相应的情形消失时终止。
>
> 但是，如果劳动者出现了相关法律规定的情形，如被依法追究刑事责任、严重违反规章制度等，则不受上述规定的保护。这是劳动者要注意避免的。

举案说法

怀孕职工严重违反规章制度的，单位可以解除劳动合同

陈某在一家单位工作了5年，2017

年3月份发现自己怀孕了，不想上班，但是又觉得不上班没有工资收入。所以，陈某就想让医院开病假条休病假。但是，医院在检查了陈某的身体状况后，认为她没有必要休假，所以没有给她开病假证明。为了成功休病假，陈某想到了开假假条，于是她花20块钱从网上买了一张病假条，送到单位，结果单位批准了她的病假。之后，陈某又一口气买了30张假条，休了5个月的病假。当陈某准备再提交病假条时，收到了单位给她的解除劳动合同通知书，理由是她的病假是虚假的，她的行为构成了旷工，严重违反了单位的规章制度，单位决定与其解除劳动合同。

陈某认为自己是孕妇，法律规定单位不能辞退孕妇，所以向劳动争议仲裁委员会申请仲裁，要求确认解除行为无效，继续履行劳动合同。

劳动争议仲裁委员会经审理后认为，诚实信用是履行劳动关系的基本原则，陈

一、劳动合同是农民工维护自身权益的护身符

某通过购买假假条的方式骗取假期,违背了诚实信用的原则,也违反了基本的职业道德和劳动纪律,故裁决单位解除劳动合同行为合法。

点评:

本案是较为典型的用人单位单方解除劳动合同的案例。在客观上,陈某是处于孕期的女职工,表面上符合《劳动合同法》规定的解雇保护人群范围,但很显然,陈某只看到了解雇保护人群范围的规定,却忽视了解雇保护的前提条件和适用情形,即在劳动者无过错时用人单位不得与其解除劳动合同。但陈某的行为已经严重违背了基本的职业道德和劳动纪律,因此,用人单位解除与陈某的劳动合同是合法有效的,是受法律保护的。

这个案例也再次提醒广大农民工朋友,在工作中,遵守劳动纪律和职业道德,遵守用人单位的规章制度是非常重要的。

12. 固定期限劳动合同到期终止，用人单位是否应支付经济补偿

根据《劳动合同法》的规定，用人单位终止固定期限劳动合同的，除用人单位维持或者提高劳动合同约定条件续订劳动合同，劳动者不同意续订劳动合同的情形外，用人单位应当向劳动者支付经济补偿。即固定期限劳动合同到期终止不再续订的，如果不是因为劳动者的原因，则用人单位也应当支付经济补偿。因此，对于符合规定的，农民工朋友可以理直气壮地要求用人单位支付经济补偿。

13. 劳动合同到期，用人单位没有及时续签合同，但劳动者继续在用人单位工作的，劳动者可以主张什么权益

依法与劳动者签订劳动合同，是用人单位应尽的基本义务。劳动合同到期，无法定特殊情形，双方同意继续存续劳动关系的，用人单位应当及时与劳动者续签劳

动合同。用人单位没有依法与劳动者续签劳动合同，但劳动者继续在用人单位工作的，用人单位应当自劳动合同期满的次日起支付未续签劳动合同双倍工资。与初次签订劳动合同不同，续签劳动合同没有一个月的缓冲期，因为在劳动合同期内，用人单位已经对劳动者的基本情况、工作能力、工作态度等有了较为充分的了解，无需再给予签订劳动合同的准备期。

14. 用人单位不续签劳动合同的，终止劳动合同经济补偿金该怎么计算

根据《劳动合同法》的规定，劳动合同到期，用人单位不愿意续签劳动合同，或者因用人单位降低劳动合同约定条件，劳动者不同意续签劳动合同的，劳动合同终止后，用人单位应当向劳动者支付经济补偿。

经济补偿按劳动者在本单位工作的年限，每满1年支付1个月工资的标准向劳动者支付。6个月以上不满1年的，按1

年计算；不满 6 个月的，向劳动者支付半个月工资的经济补偿。这里，月工资是指劳动者在劳动合同解除或者终止前 12 个月的平均工资。

> **特别提示：**
> 终止劳动合同需要支付经济补偿金的规定，是《劳动合同法》新规定的内容，在此前的法律法规中并未涉及。按照法不溯及既往的基本原则，终止劳动合同的经济补偿，补偿年限的起算点最早只能是 2008 年 1 月 1 日。如果劳动者在 2008 年 1 月 1 日之前就已经入职用人单位工作的，则 2008 年之前的工作年限不予计算经济补偿。

15. 用人单位违法解除劳动合同，劳动者可以主张哪些权利

《劳动合同法》规定，用人单位违反本法规定解除或者终止劳动合同，劳动者要求继续履行劳动合同的，用人单位应当继续履行；劳动者不要求继续履行劳动合同或者劳动合同已经不能继续履行的，用人单位应当依照规定支付赔偿金。因此，

一、劳动合同是农民工维护自身权益的护身符

用人单位违法解除劳动合同的,劳动者享有选择权,可以要求继续履行劳动合同,也可以不要求继续履行劳动合同,但可要求用人单位赔偿。

根据《劳动合同法》的规定,用人单位违法解除劳动合同,劳动者要求用人单位支付赔偿金的,赔偿金应当按照经济补偿金的2倍支付。

16. 劳动者提前解除劳动合同,还要支付违约金吗

一些农民朋友进城务工时,听说提前解除劳动合同往往要被追究违约责任,因此有顾虑而不敢签订书面劳动合同,认为这样可以不受约束,来去更为自由。实际上,这是对法律的误解。《劳动合同法》规定,除了劳动者违反服务期约定和违反竞业限制约定的,应当按照约定向用人单位支付违约金这两种法定情形以外,用人单位不得约定由劳动者承担违约金。也就是说,如果劳动者没有享受用人单位提供

的专项培训费用、进行专业技术培训的特殊待遇而签订培训服务期协议的,或者劳动者没有任职用人单位的高级岗位和保密岗位等而签订竞业限制协议的,用人单位都不得在劳动合同中约定劳动者要承担的违约责任。农民工朋友大可放心地签订书面劳动合同,而不必顾虑提前解除劳动合同的违约责任。

特别提示:

农民工在提前解除劳动合同时,一定要遵守法律规定的程序,即正常合同期要提前30天以书面形式通知用人单位,在试用期也要提前3天通知用人单位,千万不要不辞而别,否则给用人单位造成损失的,要依法承担赔偿责任。

在实践中,判定劳动者是否要承担竞业限制义务,一般以用人单位是否与劳动者签订竞业限制协议为依据。约定竞业限制的,用人单位应在竞业限制期限内按月给予劳动者经济补偿。即使劳动者不是用人单位的高级管理人员、高级技术人员,但只要签订了竞业限制协议,则劳动者仍然要承担竞业限制义务,违反竞业限制约定的,除了要支付违约金之外,还需要赔偿由此给用人单位造成的经济损失。

17. 农民工在签订劳务派遣协议时要注意哪些事项

劳务派遣,是指依法设立的劳务派遣机构和劳动者订立劳动合同后,依据与接受派遣单位订立的劳务派遣协议,将劳动者派遣到接受派遣单位工作。劳务派遣是一种特殊的劳动关系,存在着三方当事人,即通常所说的派遣单位、用工单位和劳动者(派遣工)。劳务派遣作为一种用工形式,劳动者在签订劳务派遣协议时,一定要注意以下几点：

一是要知道与谁签订劳动合同。《劳动合同法》规定，劳务派遣单位是法律上的用人单位，应当履行用人单位对劳动者的义务。即劳务派遣单位与被派遣劳动者（派遣工）之间签订的是劳动合同，双方之间的权利义务受劳动法和劳动合同法调整。而劳务派遣单位与用工单位签订的是劳务派遣协议。劳动者（派遣工）不与用工单位直接签订合同或协议。

二是要到合法设立的劳务派遣单位登记求职。在与劳务派遣单位签订劳动合同时，要注意它们是否符合法律规定的条件：经营劳务派遣业务，应当向劳动行政部门依法申请行政许可；经许可的，依法办理相应的公司登记；注册资本不少于人民币200万元；有与开展业务相适应的固定的经营场所和设施；有符合法律、法规规定的劳务派遣管理制度；符合法律、行政法规规定的其他条件。不要与那些不具有法律规定资质和条件的派遣单位订立劳动合同，以更好地维护自己的合法权益。

三是要知道劳务派遣单位的义务。劳务派遣单位应当与被派遣劳动者订立2年以上的固定期限劳动合同，按月支付劳动报酬；被派遣劳动者在无工作期间，派遣单位应当按照所在地人民政府规定的最低工资标准，向其按月支付报酬。劳务派遣单位应当将劳务派遣协议的内容告知被派遣劳动者。劳务派遣单位不得克扣用工单位按照劳务派遣协议支付给被派遣劳动者的劳动报酬。劳务派遣单位和用工单位不得向被派遣劳动者收取费用。

四是要知道用工单位对被派遣劳动者的义务。用工单位应当执行国家劳动标准，提供相应的劳动条件和劳动保护；告知被派遣劳动者的工作要求和劳动报酬；支付加班费、绩效奖金，提供与工作岗位相关的福利待遇；对在岗被派遣劳动者进行工作岗位所必需的培训；连续用工的，实行正常的工资调整机制等。用工单位不得将被派遣劳动者再派遣到其他用人单位，以防止用工单位借劳务派遣的用工形式逃避劳动法上的义务,侵害劳动者的权益。

五是要了解被派遣劳动者的权利。被派遣劳动者享有与用工单位劳动者同工同酬的权利、依法参加或组织工会的权利、依法解除劳动合同并获得经济补偿的权利等。

六是要知道劳务派遣单位与用工单位应承担连带赔偿责任,即用工单位给被派遣劳动者造成损害的,劳务派遣单位和用工单位承担连带赔偿责任。

> **特别提示:**
> (1)签订劳务派遣合同,至少要签订两年以上的固定期限劳动合同,如果在合同内派遣不出去,农民工也可以要求用人单位按月支付最低工资标准的报酬。
> (2)如果发生劳动争议,涉及劳务派遣单位和用工单位的,农民工可以以两家单位为共同被告,申请劳动争议仲裁,要求它们共同承担赔偿责任。这样能够更好、更快、更切实地维护农民工的合法权益。
> (3)劳务派遣合同终止的,农民工也可以要求依法支付经济补偿。

18. 对从事非全日制用工的要注意哪些法律规定

非全日制用工,是灵活用工的一种,一般是指小时工。《劳动合同法》对非全日制用工作出了与全日制用工不同的法律规定。

一是非全日制用工工作时间的限制。劳动者在同一用人单位一般平均每日工作时间不超过4小时、每周工作时间累计不超过24小时。而全日制用工法定工作时间是每天不超过8小时、每周工作时间累计不超过40小时。

二是与全日制用工应当订立书面劳动合同的要求不同,非全日制用工允许订立口头协议。而且劳动者还可以与一个以上的用人单位签订劳动合同,也就是说,可以打多份零工。

三是非全日制用工不得约定试用期。

四是双方当事人任何一方都可以随时通知对方终止用工。终止用工,用人单位不向劳动者支付经济补偿。这也是非全日制用工的突出特点。

五是非全日制用工小时计酬标准不得低于用人单位所在地人民政府规定的最低小时工资标准,结算支付周期最长不得超过 15 日。

> 特别提示:
> 非全日制用工的主要特点是工作时间较短,用工形式比较灵活,因此,农民工在从事非全日制工作时,一定要注意维护自己的权益。一是用人单位不能随意要求加班,导致非全日制变相成为全日制用工;二是支付劳动报酬的周期可以按小时、日、周支付,但最长不得超过 15 日,避免用人单位形成拖欠。

扫描封底二维码,查看更多内容。

二、依法获得工资是农民工的基本权益

1. 哪些收入属于工资

劳动法中的"工资"是指用人单位依据国家有关规定或劳动合同的约定,以货币形式直接支付给本单位劳动者的劳动报酬,一般包括计时工资、计件工资、奖金、津贴和补贴、延长工作时间的工资报酬以及特殊情况下支付的工资等。

"工资"是劳动者劳动收入的主要组成部分,但并非所有的劳动收入都属于工资的范围。根据原劳动部《关于贯彻执行〈中华人民共和国劳动法〉若干问题的意见》的规定,以下劳动收入不属于劳动者的工资范围:

(1)单位支付给劳动者个人的社会保险福利费用,如丧葬抚恤救济费、生活困难补助费、计划生育补贴等。

（2）劳动保护方面的费用，如用人单位支付给劳动者的工作服、解毒剂、清凉饮料费用等。

（3）按规定未列入工资总额的各种劳动报酬及其他劳动收入，如根据国家规定发放的创造发明奖、国家星火奖、自然科学奖、科学技术进步奖、合理化建议和技术改进奖、中华技能大奖等，以及稿费、讲课费、翻译费等。

特别提示：

工资应当以法定货币形式支付，不得以实物及有价证券替代货币支付。有的用人单位以给农民工提供了伙食费为借口，将食堂餐券作为工资的一部分，从应付的工资中扣除，这种行为是违法的。

2. 用人单位应该按时足额支付工资

《劳动法》及原劳动部发布的《工资支付暂行规定》，对用人单位支付工资的行为作出了具体规定。归纳起来主要有以下十个方面：

（1）工资应当以法定货币形式支付，不得以实物及有价证券替代货币支付。

（2）用人单位应将工资支付给劳动者本人。劳动者本人因故不能领取工资时，可由其亲属或委托他人代领。用人单位可委托银行代发工资。

（3）用人单位支付工资时应向劳动者提供一份其个人的工资清单。

（4）工资至少每月支付一次，而且要在与劳动者约定的日期支付，如遇节假日、休息日，则应提前到最近的工作日支付。

（5）实行周、日、小时工资制的可按周、日、小时支付工资。对完成一次性临时劳动或某项具体工作的劳动者，用人单位应按有关协议或合同规定在其完成劳动任务后即支付工资。

（6）如果依法解除或终止劳动合同，用人单位应在解除或终止劳动合同时一次性付清劳动者的工资。

（7）劳动者在法定工作时间内依法参加社会活动期间，应视同提供了正常劳动而支付工资。

（8）劳动者依法享受年休假、探亲假、婚假、丧假期间，用人单位应按劳动合同规定的标准支付工资，但事假期间可以不付工资。

（9）非因劳动者的原因单位停工、停产的，在一个工资支付周期内，应按劳动合同规定的标准支付工资。

（10）用人单位必须书面记录支付劳动者工资的数额、时间、领取者的姓名以及签字，并保存两年以上备查。

> **特别提示：**
> 农民工朋友一定要注意保管好工资清单，以备万一与用人单位发生劳动争议时作为证据使用。

3. 企业的哪些行为属于无故拖欠劳动者工资

原劳动部办公厅印发的《关于〈劳动法〉若干条文的说明》中规定:"'无故拖欠'应理解为,用人单位无正当理由在规定时间内故意不支付劳动者工资。"原劳动部发布的《对〈工资支付暂行规定〉有关问题的补充规定》中规定:"无故拖欠系指用人单位无正当理由超过规定付薪时间未支付劳动者工资。"以下情况不属于无故拖欠劳动者工资:

(1)用人单位遇到非人力所能抗拒的自然灾害、战争等原因,无法按时支付工资。

(2)用人单位因生产经营困难、资金周转受到影响,在征得本单位工会同意后,可暂时延期支付劳动者工资,延期时间的最长限制可由省、自治区、直辖市人力资源社会保障行政部门根据各地情况确定。

4. 哪些情况下用人单位可以合法扣除劳动者工资

农民工的工资是受法律保护的,任何人、任何单位不得侵害。但有下列情形之一的,用人单位可以代扣:

(1)由于劳动者本人过失造成事故,使单位或他人财产遭受损失,按规定应赔偿的费用。

(2)劳动者应当偿还的本人拖欠用人单位的债务。

(3)劳动者违反劳动纪律旷工或事假超过一定期限,按本单位有关管理制度扣除的一定数额工资。

(4)劳动者应当缴纳的个人所得税。

(5)应当由劳动者个人负担的各项社会保险费用。

(6)法院判决、裁定中要求代扣、代缴的抚养费、赡养费。

(7)法律法规规定可以从工资中扣除的其他费用。

二、依法获得工资是农民工的基本权益

另外,按照劳动合同约定,劳动者给用人单位造成的经济损失应当赔偿,这部分赔偿费用可以从劳动者的工资中扣除,但扣除部分不得超过劳动者当月工资的20%,且扣除后的工资不得低于当地最低工资标准。

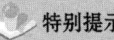
特别提示:
工资扣除后应当给劳动者留有基本生活费。

5. 什么是最低工资

我国实行最低工资保障制度。最低工资是指劳动者在法定工作时间或依法签订的劳动合同约定的工作时间内提供了正常劳动的情况下,劳动者所在的用人单位应当支付的最低劳动报酬。所谓法定工作时间,是指国家工时制度规定的时间,也就是通常所指的每周不超过40小时。所谓正常劳动,是指劳动者按依法签订的劳动合同约定,在法定工作

时间或劳动合同约定的工作时间内从事的劳动。劳动者依法享受带薪年休假、探亲假、婚丧假、生育（产）假、节育手术假等国家规定的假期。法定工作时间内依法参加社会活动，视为提供了正常劳动。

下列各项一般不作为最低工资的组成部分：

（1）延长工作时间工资。

（2）中班、夜班、高温、低温、井下、有毒有害等特殊工作环境、条件下的津贴。

（3）法律法规和国家政策规定的劳动者福利待遇等。

> **特别提示：**
> 实行计件工资或提成工资等工资形式的用人单位，在科学合理的劳动定额基础上，其支付劳动者的工资不得低于相应的最低工资标准。

二、依法获得工资是农民工的基本权益

举案说法

员工在法定工作时间内提供了正常劳动，应享受最低工资保障

蒋某于2016年12月10日上午到某公司应聘商场营业员，该公司负责人介绍说，每月底薪5 000元，另每销售一套软件提成300元，并让蒋某尽快给予答复。蒋某因急着找工作，于当天下午与该公司签订了期限为3个月的劳动合同，双方未在劳动合同中约定工资标准。次日上午8点蒋某准时到该公司驻某商场的营业点上班，担任营业员负责销售软件。此后，蒋某按公司规定准时上下班。由于市场不景气，蒋某在2016年12月只销售了一套软件。2017年1月15日蒋某到公司领取2017年12月工资时，发现自己的工资只有300元。当时蒋某就向公司提出异议。该公司称，根据公司规定，销售10套以上软件才有底薪5 000元。蒋某认为，公

司当时承诺底薪5 000元,并没有提出销售10套以上软件才有底薪5 000元,如果当初知道会这样,根本就不会来上班。此后,蒋某要求公司按国家规定支付其工资报酬,但遭到公司拒绝。蒋某不服,向劳动争议仲裁委员会提起了仲裁,要求该公司按当地最低工资标准支付其工资报酬。经劳动争议仲裁委员会调解,双方达成和解,该公司同意按当地最低工资标准支付蒋某工资,蒋某撤回仲裁申请。

点评:

本案例是关于劳动者在法定的工作时间内提供了正常劳动的情况下完不成销售基数,企业如何向其支付报酬的问题。

根据生产经营特点,企业有权制定内部工资标准及分配制度,但必须要符合国家法律法规规定。《劳动法》第四十八条规定:"国家实行最低工资保障制度。最低工资的标准由省、自治区、直辖市人民政府规定,报国务院备案。用人单位支付

二、依法获得工资是农民工的基本权益

劳动者的工资不得低于当地最低工资标准。"这就是说，企业在自主确定本企业的工资分配方式的同时，必须遵守国家的最低工资保障制度。

原劳动和社会保障部发布的《最低工资规定》第三条规定："最低工资标准，是指劳动者在法定工作时间或依法签订的劳动合同约定的工作时间内提供了正常劳动的前提下，用人单位依法应支付的最低劳动报酬。"原劳动部《关于贯彻执行〈中华人民共和国劳动法〉若干问题的意见》第五十六条规定，在劳动合同中，双方当事人约定的劳动者在未完成劳动定额或承包任务的情况下，用人单位可低于最低工资标准支付劳动者工资的条款不具有法律效力。

本案例中，某公司的工资提取办法，是以完成销售数量为前提的，如果没有完成这个数量，则不支付月底薪5 000元，只支付蒋某月提成工资300元，这显然违背了国家最低工资保障制度和劳动法有关

规定。蒋某在法定的工作时间内提供了正常劳动,应享受最低工资保障以维持本人正常的生活、工作等。为此,该公司接受调解,及时纠正了错误,按当地最低工资标准补发了蒋某的工资报酬。

6. 建筑业企业农民工工资的支付有哪些规定

根据原劳动和社会保障部、建设部联合颁布的《建设领域农民工工资支付管理暂行办法》,建筑业企业必须严格按照《劳动法》《工资支付暂行规定》和《最低工资规定》等有关规定支付农民工工资,不得拖欠或克扣。企业应依法通过集体协商或其他民主协商形式制定内部工资支付办法,并告知本企业全体农民工,同时抄报当地劳动保障行政部门与建设行政主管部门。

企业内部工资支付办法应包括以下内容:支付项目、支付标准、支付方式、支付周期和日期、加班工资计算基数、特

二、依法获得工资是农民工的基本权益

殊情况下的工资支付以及其他工资支付内容。企业应当根据劳动合同约定的农民工工资标准等内容，按照依法签订的集体合同或劳动合同约定的日期按月支付工资，并不得低于当地最低工资标准。具体支付方式可由企业结合建筑行业特点在内部工资支付办法中规定。

企业应将工资直接发放给农民工本人，严禁发放给"包工头"或其他不具备用工主体资格的组织和个人；也可委托银行发放农民工工资。

企业支付农民工工资应编制工资支付表，如实记录支付单位、支付时间、支付对象、支付数额等工资支付情况，并保存两年以上备查。工程总承包企业应对劳务分包企业工资支付进行监督，督促其依法支付农民工工资。

业主或工程总承包企业未按合同约定与建设工程承包企业结清工程款，致使建设工程承包企业拖欠农民工工资的，由业主或工程总承包企业先行垫付农民工被拖

欠的工资，先行垫付的工资数额以未结清的工程款为限。企业因被拖欠工程款导致拖欠农民工工资的，企业追回的被拖欠工程款应优先用于支付拖欠的农民工工资。

三、休息休假也是农民工的合法权益

1. 我国对工时制度是如何规定的

我国现行的工时制度主要有以下 3 种形式：

（1）标准工作时间。根据《劳动法》和《国务院关于职工工作时间的规定》，我国现行的标准工作时间实行的是每日工作时间不超过 8 小时、每周工作时间不超过 40 小时的工时制度，并适用于我国境内的一切用人单位和职工。

（2）不定时工作制。不定时工作制是指每一工作日没有固定的上下班时间限制的工作时间制度。它是针对因生产特点、工作特殊需要或职责范围的关系，无法按标准工作时间衡量或需要机动作业的职工所采用的一种工时制度。企业中的下列 3 类职工经劳动保障部门审批，可以实行不定时工作制：

1）企业中的高级管理人员、外勤人员、推销人员、部分值班人员和其他因工作无法按标准工作时间衡量的职工。

2）企业中的长途运输人员，出租汽车司机和铁路、港口、仓库的部分装卸人员以及因工作性质特殊，需机动作业的职工。

3）其他因生产特点、工作特殊需要或职责范围的关系，适合实行不定时工作制的职工。

（3）综合计算工时工作制。综合计算工时工作制是针对因工作性质特殊，需连续作业或受季节及自然条件限制的企业部分职工，采用以周、月、季、年等为周期综合计算工作时间的一种工时制度。在综合计算工作时间的周期内，具体某一天、某一周等的工作时间可以超过8小时或40小时等，但是，在综合计算工作时间周期内，平均日工作时间和平均周工作时间应与法定标准工作

时间基本相同。根据规定,用人单位符合下列条件之一的职工,经过劳动保障部门批准后,可以实行综合计算工时工作制:

1)交通、铁路、邮电、水运、航空、渔业等行业中因工作性质特殊,需要连续作业的职工。

2)地质及资源勘探、建筑、制盐、制糖、旅游等受季节和自然条件限制的行业的部分职工。

3)其他适合实行综合计算工时工作制的职工。

> **特别提示:**
> 如果未经劳动保障部门批准,企业不得自行实行不定时工作制和综合计算工时工作制。

2. 延长工作时间有何规定

延长工作时间,是指用人单位经过一定程序,要求劳动者超过法律法规规定的最高限制日工作时数或周工作天数而工作，人们习惯叫作加班加点。《劳动法》对延长工作时间的规定为：

（1）用人单位不得违法随意延长工作时间，或者强迫劳动者延长工作时间。这是一个基本规定。

（2）用人单位因生产经营需要可以延长工作时间，但必须与工会和劳动者协商，在保障劳动者身体健康的条件下延长工作时间，一般每日不得超过1小时，特殊原因每日不得超过3小时，每月不得超过36小时。

（3）用人单位在有下列情形之一时，可以不受上述规定限制延长工作时间：发生自然灾害、事故或由于其他原因，威胁劳动者生命健康和财产安全，需要紧急处理的；生产设备、交通运输线路、公共设施发生故障，影响生产和公共利益，必须及时抢修的；法律、行政法规规定的其他情形。

三、休息休假也是农民工的合法权益

 举案说法

用人单位应当遵守工时制度的规定

某日,劳动保障监察机构接到群众举报,反映某公司存在超时加班的行为。劳动保障监察机构经实地调查,发现该公司由于近期接到一笔大订单,临时增加了工作任务,要求全体员工(共20人)每天工作时间由原来的8小时延长至10小时,并取消了周六、周日的正常休息。这种情况已经持续了两个半月,且属于强迫员工加班,虽然支付了加班工资,但是很多员工身体已无法承受这样的劳动强度。根据《劳动保障监察条例》第二十五条的规定,劳动保障监察机构责令该公司限期改正这种严重超时加班的行为,并对该公司处以罚款。

点评:

为保护劳动者的身心健康,国家对劳

动者的工作时间作了明确规定。《劳动法》第三十六条规定:"国家实行劳动者每日工作时间不超过8小时、平均每周工作时间不超过44小时的工时制度。"

1995年《国务院关于职工工作时间的规定》中第三条对《劳动法》第三十六条加以修改:"职工每日工作8小时、每周工作40小时。"《劳动法》第三十八条规定:"用人单位应当保证劳动者每周至少休息1日。"第四十一条规定:"用人单位由于生产经营需要,经与工会和劳动者协商后可以延长工作时间,一般每日不得超过1小时;因特殊原因需要延长工作时间的,在保障劳动者身体健康的条件下延长工作时间每日不得超过3小时,但是每月不得超过36小时。"本案中,该公司的做法已经违反了以上条款的规定。根据《劳动保障监察条例》第二十五条:"用人单位违反劳动保障法律法规或者规章延长劳动者工作时间的,由劳动保障行政部门给予警告,责令限期改正,并可以按照受侵害的劳动者每人100元以上500元以下的标准计算,处以罚款。"虽然该公司支付了劳动者加班工资,但是其做法剥夺了劳动者休息休假的权利,违反了劳动法相关规定,必须进行整改并受到应有的处罚。

3. 延长工作时间的工资如何支付

为了限制用人单位过多延长工作时间,《劳动法》规定用人单位延长工作时间必须支付高于劳动者正常工作时间的工资报酬。具体的支付标准分为3个档次:

(1)工作日安排劳动者延长工作时间的,支付不低于劳动者工资150%的工资报酬。

(2)休息日安排劳动者工作又不能安排补休的,支付不低于劳动者工资200%的工资报酬。

(3)法定休假日安排劳动者工作的,支付不低于劳动者工资300%的工资报酬。

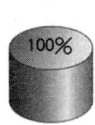   

| 正常工作日工资 | 正常工作日加班工资 | 休息日加班工资 | 节假日加班工资 |

 特别提示：

法定休假日安排加班是不能用调休的办法来解决的，必须支付3倍的工资。休息日并不一定指传统意义上的周六日，根据行业不同，休息日可以由企业自主决定。休息日加班支付加班工资是有前提条件的，即不能安排补休，如果单位安排劳动者休息日工作，但安排了同等时间补休的，则单位不需要支付加班工资。

4. 实行特殊工时制的劳动者，能不能要求单位支付加班费

加班费是劳动者在法定工作时间之外额外付出劳动应当获得的额外劳动报酬。对于实行不定时工作制、综合计算工时制

三、休息休假也是农民工的合法权益

的职工而言,其加班费的支付与实行标准工时制的职工有所不同。

实行综合计算工时工作制的企业职工,工作时间超过法定工作时间的,应当按照延时加班的规定,支付不低于本人工资 150% 的加班工资;工作日正好是周休息日的,属于正常工作;工作日正好是法定节假日时,要依照《劳动法》的规定支付,不低于本人工资 300% 的工资报酬。

对于实行不定时工作制的职工,因其本身工作时间比较弹性化,工作时间和休息时间根据工作情况自行安排,所以原则上不存在加班的问题。但各地也有一些特别规定,比如《上海市企业工资支付办法》规定经人力资源社会保障行政部门批准实行不定时工时制的劳动者,在法定休假节日由企业安排工作的,按照不低于劳动者本人日或小时工资的 300% 支付工资报酬。

5. 女职工特殊假期的休息休假是如何规定的

为维护女职工的合法权益，减少和解决女职工在劳动和工作中因生理特点造成的特殊困难，必须对女职工实行特殊保护。农民工中的女职工同样也适用这些特殊保护规定。

根据《劳动法》《女职工劳动保护特别规定》等的规定，怀孕7个月以上的女职工，不得安排其延长工作时间和夜班劳动，在劳动时间内应当安排一定的休息时间。劳动时间内进行产前检查的，所需时间计入劳动时间。

女职工的产假为98天，其中产前休假15天；难产的女职工，增加产假15天；多胞胎生育的女职工，每多生育1个婴儿，增加产假15天。

女职工怀孕未满4个月流产的，享受15天产假；怀孕满4个月流产的，享受42天产假。

对哺乳未满1周岁婴儿的女职工,用人单位不得延长劳动时间或者安排夜班劳动。用人单位应当在每天的劳动时间内为哺乳期女职工安排1小时的哺乳时间;女职工生育多胞胎的,每多哺乳1个婴儿每天增加1小时哺乳时间。

6. 劳动者生病请假治疗,用人单位扣除全部工资对不对

在劳动关系履行过程中,劳动者难免发生因患病需要停止工作进行治疗和休养的情况,在劳动者患病治疗及休假期间,用人单位应当向劳动者支付病假工资,而不得扣除全部的工资。

病假工资的标准,按照原劳动部《关于贯彻执行〈中华人民共和国劳动法〉若干问题的意见》的规定,职工患病或非因工负伤治疗期间,在规定的医疗期间内由企业按有关规定支付其病假工资或疾病救济费,病假工资或疾病救济费可以低于当地最低工资标准支付,但不能低于最低工

资标准的 80%。

需要特别提示的是，原劳动部关于病假工资标准的规定，是最低标准，如果各地关于病假工资支付的规定高于原劳动部标准的，则按照地方性规定执行。用人单位可以在规章制度或劳动合同中就病假工资进行规定或约定，但不得低于地方性规定，也不得低于最低工资标准的 80%。

7. 农民工有没有带薪年休假

2008 年 1 月 1 日，国务院颁布的《职工带薪年休假条例》正式施行。根据条例的规定，机关、团体、企业、事业单位、民办非企业单位、有雇工的个体工商户等单位的职工连续工作 1 年以上的，享受带薪年休假。因此，农民工也享有带薪年休假。

8. 休带薪年休假有什么条件，如何计算能休多少天

职工连续工作满 12 个月以上的，可

三、休息休假也是农民工的合法权益

以享受带薪年休假。年休假天数根据职工累计工作时间确定。职工在同一或者不同用人单位工作期间,以及依照法律、行政法规或者国务院规定视同工作期间,应当计为累计工作时间。

职工累计工作已满1年不满10年的,年休假5天;已满10年不满20年的,年休假10天;已满20年的,年休假15天。国家法定休假日、休息日不计入年休假的假期。

符合休带薪年休假条件的职工到新单位工作的,当年度年休假天数,按照在本单位剩余日历天数折算确定,折算后不足1整天的部分不享受年休假。

> **特别提示:**
> 职工连续工作12个月可以享受带薪年休假,这里的"12个月"不是指在本单位工作满12个月,而是指职工曾经连续12个月不间断工作。很多用人单位在规章制度中规定,只有在本单位工作满一年的,才可以享受带薪年休假,这种规定是不合法的。

9.哪些情况下劳动者不能享受当年度带薪年休假

根据《职工带薪年休假条例》的规定,职工有下列情形之一的,不享受当年的年休假:(1)职工依法享受寒暑假,其休假天数多于年休假天数的;(2)职工请事假累计20天以上且单位按照规定不扣工资的;(3)累计工作满1年不满10年的职工,请病假累计2个月以上的;(4)累计工作满10年不满20年的职工,请病假累计3个月以上的;(5)累计工作满20年以上的职工,请病假累计4个月以上的。

如果职工已经休完了当年度的带薪年休假,之后又发生了不应当休假的情况,如何处理?对此,《企业职工带薪年休假实施办法》规定职工已享受当年的年休假,年度内又出现上述第(2)(3)(4)(5)四种情况之一的,不享受下一年度的年休假。

10. 用人单位没有安排休带薪年假的，劳动者可以主张什么权利

职工依法享受带薪年休假待遇，作为用人单位有义务安排职工休假。用人单位确因工作需要不能安排职工休年假的，经职工本人同意，可以不安排职工休年假。对职工应休未休假天数，单位应当按照该职工日工资收入的 300% 支付年休假工资报酬。

> **特别提示：**
>
> 用人单位确因工作原因无法安排职工休带薪年休假的，应当按照日工资收入的 300% 支付年休假工资报酬。这里的"300%"工资已经包含用人单位正常支付给职工的一倍工资，而不是指除正常工资外，单位再额外支付三倍的工资。

四、农民工有权获得职业安全条件和劳动保护

1. 农民工享有哪些职业安全卫生基本权利

我国《劳动法》和劳动安全卫生方面的法律法规明确规定了劳动者享有的职业安全卫生基本权利,这些规定对农民工也是完全适用的,主要有:

(1)劳动者有权了解所在的作业场所和工作岗位存在哪些危险,可能发生哪些事故和伤害,如何防范和施救。

(2)劳动者有接受安全生产教育和培训的权利,以掌握本职工作所需的安全生产知识,提高安全生产技能和事故预防、处置的能力。

(3)用人单位必须按照国家标准和行业要求,提供必要的安全生产设施和职业病防护措施,劳动者有权获得保障自身安

四、农民工有权获得职业安全条件和劳动保护

全与健康的劳动条件和防护用品。

（4）劳动者有权对本单位安全生产管理工作提出自己的想法和建议，有权对本单位安全生产工作中存在的问题提出批评、检举和控告。

（5）当用人单位提供危害劳动者安全与健康的劳动条件，或违章指挥、强令冒险作业时，劳动者有权拒绝。

（6）当劳动者因生产安全事故受到伤害或患职业病时，除依法享有工伤保险待遇外，还有权依照相关法律规定提出赔偿要求。

2. 如何保障农民工的职业安全卫生权益

国家保障农民工职业安全卫生权益，具体措施包括：

（1）各地要严格执行国家职业安全和劳动保护规程及标准。

（2）企业必须按规定配备安全生产和职业病防护设施。

（3）强化用人单位职业安全卫生的主

体责任,要向新招用的农民工告知劳动安全、职业危害事项,发放符合要求的劳动防护用品,对从事可能产生职业危害作业的人员定期进行健康检查。

(4)加强农民工职业安全、劳动保护教育,增强农民工自我保护能力。从事高危行业和特种作业的农民工要经专门培训,持证上岗。

(5)有关部门要切实履行职业安全和劳动保护监管职责。发生重大职业安全事故,除惩处直接责任人和企业负责人外,还要追究政府和有关部门领导的责任。

> **特别提示:**
> 如果发现用人单位有侵犯农民工职业安全卫生权益的行为,应向当地安全生产监管部门举报。

农民工的劳动防护用品应当自己准备吗

小刘到城里打工,与一家建筑公司签

四、农民工有权获得职业安全条件和劳动保护

了两年的劳动合同,干沥青煎炒工。工作不久小刘就发现,同组的其他几名工人都到队里领了工作服和眼镜等防护用品。我为什么没有这些东西呢?小刘觉得很奇怪,就去找队里问,队里管劳动防护用品的人说:"你是农民工,按规定是不发工作服和其他防护用品的。你自己想办法。"月底,第一次领工资的小刘只好心疼地拿钱买了工作服、防护眼镜、防护口罩等劳动防护用品。那么,小刘的劳动防护用品应该自己准备吗?

点评:

由于沥青的烟气与粉尘中含有各种有机挥发物,能刺激人体皮肤及呼吸器官,因而工人必须穿戴防护用品。防护用品应由用人单位提供,包括工作服、防护眼镜、帆布手套和帆布鞋盖、防护口罩等。

小刘虽然是农民工,但单位也必须提供劳动防护用品。建筑队以小刘是农民工为借口拒绝发放防护用品,是对农民工权

益的侵害，是违法行为。

3. 对从事具有职业危害性工作的农民工应当采取哪些预防措施

职业危害是指在生产过程和其他职业活动中，由于劳动条件和生产工艺所限，使劳动者处于有害的作业环境之中，这些有害因素就称为职业危害。职业危害可能会引发职业病或职业性身体损害。按照《职业病防治法》的规定，职业病主要包括尘肺、职业性放射性疾病、职业中毒、物理因素所致职业病、生物因素所致职业病、职业性皮肤病、职业性眼病、职业性耳鼻喉口腔疾病、职业性肿瘤等。农民工如果从事有职业危害的作业，用人单位应当采取的预防措施主要有：

（1）从原料、工艺、设备等方面进行改进，降低职业危害的产生，减少员工与职业危害因素直接接触的机会。

（2）按照国家标准改善工作环境和作业场所，使之符合规定要求。

四、农民工有权获得职业安全条件和劳动保护

（3）农民工应注意自觉穿戴好个人劳动防护用品，严格遵守安全操作规程。

（4）对确实需要在职业危害作业场所从事作业的农民工要实行定期轮换制度。

（5）用人单位为农民工建立健康档案，对在职业危害作业场所作业的农民工实行定期健康检查。

同时，政府有关部门及各级工会组织应对用人单位的劳动保护措施、生产工艺设备进行经常性的监督检查，对职业危害严重的用人单位责令限期改正。

4. 劳动防护用品及其佩戴注意事项

劳动防护用品是指劳动者在生产过程中为保证安全与健康，防止事故伤害和职业危害而佩戴使用的各种用具的总称。劳动防护用品按照防护部位分为九类，包括安全帽、防坠落护具、呼吸护具、听力护具、眼（面）部护具、防护服、防护手套、防护鞋、护肤用品。需要佩戴防护用品的人员在使用防护用品前，应认真阅读

产品安全使用说明书，确认其使用范围、有效期限等内容，熟悉其使用、维护和保养方法，发现防护用品有受损或超过有效期限等情况，决不能冒险使用。各类防护用品都要按要求正确佩戴，如果佩戴方法不正确，不仅起不到防护作用，有时还可能引起事故。

> **特别提示：**
> 用人单位必须提供符合要求的劳动防护用品。

5.国家对特种作业人员的要求

特种作业是指容易发生事故，对操作者本人、他人的安全健康及设备、设施的安全可能造成重大危害的作业。特种作业专业技术要求高，危险性大，从事特种作业的劳动者必须经过专门培训并取得特种作业资格。国家对特种作业人员实行严格管理，主要要求是：

（1）从事特种作业的人员必须年满18周岁，且不超过国家法定退休年龄；

文化程度初中及以上。从事爆破作业和煤矿井下瓦斯检验人员,年龄则不得低于20周岁。

(2)特种作业人员须经过安全技术培训,经考核合格取得操作证后方可独立作业,严禁无证操作。

(3)凡取得特种作业操作证的人员必须定期复审,未按期复审或复审不合格者,操作证自行失效。

(4)离开特种作业岗位6个月以上的特种作业人员,需重新进行实际操作考试,合格后方可上岗作业。

> **特别提示:**
> 从事特种作业的人员一定要持证上岗,否则要承担相应的法律责任。

6. 哪些人可以享受高温津贴

2012年6月29日,原国家安全生产监督管理总局、卫生部、人力资源和社会保障部、中华全国总工会联合发布了《防暑降温措施管理办法》。办法规定,企业、事业单位和个体经济组织等用人单位安排劳动者高温环境及高温天气期间作业的,应当向劳动者发放高温津贴。用人单位安排劳动者在35℃以上高温天气从事室外露天作业以及不能采取有效措施将工作场所温度降低到33℃以下的,应当向劳动者发放高温津贴,并纳入工资总额。

所谓的高温作业,是指有高气温或有强烈的热辐射或伴有高气湿(相对湿度≥80%RH)相结合的异常作业条件、湿球黑球温度指数(WBGT指数)超过规定限值的作业。

高温天气是指地市级以上气象主管部门所属气象台站向公众发布的日最高气温35℃以上的天气。高温天气作业是指用人单位在高温天气期间安排劳动者在高温自然气象环境下进行的作业。

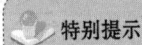 特别提示:
高温环境或高温天气作业,用人单位需要做好

四、农民工有权获得职业安全条件和劳动保护

> 劳动保护工作,发放高温津贴仅仅是一个方面,除此之外还应安排轮休、停工、发放防暑降温用品等。用人单位不能以安排轮休、发放用品为由代替支付高温津贴。

7. 高温津贴应该按什么标准支付

根据《防暑降温措施管理办法》的规定,高温津贴标准由省级人力资源社会保障行政部门会同有关部门制定,并根据社会经济发展状况适时调整。需要了解本地区高温津贴标准的劳动者,可以向劳动保障行政部门咨询。

五、工伤保险是农民工的安全网

1. 农民工有权参加工伤保险

工伤保险是指劳动者因工作原因遭受意外伤害或患职业病而造成死亡、暂时或永久丧失劳动能力时,劳动者及其遗属能够从国家、社会得到必要的物质补偿的一种社会保险制度。根据《工伤保险条例》的规定,工伤保险的适用范围包括中国境内的企业、事业单位、社会团体、民办非企业单位、基金会、律师事务所、会计师事务所等组织和有雇工的个体工商户以及这些用人单位的全部职工或者雇工。所以,这些单位的农民工也应当参加工伤保险。

原劳动和社会保障部《关于农民工参加工伤保险有关问题的通知》规定,用人单位注册地与生产经营地不在同一统筹地区的,原则上在注册地参加工伤保险。未在注

五、工伤保险是农民工的安全网

册地参加工伤保险的,在生产经营地参加工伤保险。农民工受到事故伤害或患职业病后,在参保地进行工伤认定、劳动能力鉴定,并按参保地的规定依法享受工伤保险待遇。用人单位在注册地和生产经营地均未参加工伤保险的,农民工受到事故伤害或患职业病后,在生产经营地进行工伤认定、劳动能力鉴定,并按生产经营地的规定依法由用人单位支付工伤保险待遇。

国务院《关于解决农民工问题的若干意见》再次强调要求,所有用人单位必须及时为农民工办理参加工伤保险手续,并按时足额缴纳工伤保险费。在农民工发生工伤后,要做好工伤认定、劳动能力鉴定和工伤待遇支付工作。未参加工伤保险的农民工发生工伤,由用人单位按照工伤保险规定的标准支付费用。

> **特别提示:**
> 农民工参加工伤保险,同所有职工一样,本人无须缴纳工伤保险费。

2. 农民工在哪些情况下受伤属于工伤

按照《工伤保险条例》第十四条的规定,职工有下列情形之一的,应当认定为工伤:

(1)在工作时间和工作场所内,因工作原因受到事故伤害的。

(2)工作时间前后在工作场所内,从事与工作有关的预备性或者收尾性工作受到事故伤害的。

(3)在工作时间和工作场所内,因履行工作职责受到暴力等意外伤害的。

(4)患职业病的。

(5)因工外出期间,由于工作原因受到伤害或者发生事故下落不明的。

(6)在上下班途中,受到非本人主要责任的交通事故或者城市轨道交通、客运轮渡、火车事故伤害的。

(7)法律、行政法规规定应当认定为工伤的其他情形。

同时,根据《工伤保险条例》第十五

五、工伤保险是农民工的安全网

条的规定,职工有下列情形之一的,视同工伤:

(1)在工作时间和工作岗位,突发疾病死亡或者在 48 小时之内经抢救无效死亡的。

(2)在抢险救灾等维护国家利益、公共利益活动中受到伤害的。

(3)职工原在军队服役,因战、因公负伤致残,已取得革命伤残军人证,到用人单位后旧伤复发的。

> **特别提示:**
> 是否为工伤或视同工伤,应由社会保险行政部门作出工伤认定的决定。

3.哪些情况下受伤不算工伤

根据《工伤保险条例》的规定,职工有符合条例第十四条、第十五条规定情形,但有下列情形之一的,不得认定为工伤或者视同工伤:(1)故意犯罪的;(2)醉酒或者吸毒的;(3)自残或者自杀的。

非因履行工作职责受伤不为工伤

某县机械厂职工黄某在车间生产零件时,认为职工张某不服从管理,遂与张某发生争执,并摘下安全帽向张某掷去。张某见状离开工作岗位走出车间。黄某气愤不平上前追赶,张某遂捡起人行道上的木条向黄某肩部挥去,致黄某受伤。黄某以其在工作时间和工作场所内,因履行工作职责受到暴力伤害为由向县工伤认定机构提出工伤认定申请。县工伤认定机构认为,黄某摘下安全帽向张某掷去并在张

五、工伤保险是农民工的安全网

某逃离车间后仍上前追赶,不能认定为履行职责的行为,遂作出不予认定工伤的决定。

点评:

《工伤保险条例》第十四条第三款规定的"在工作时间和工作场所内,因履行工作职责受到暴力等意外伤害",是指他人因不服从履行工作职责的管理行为而施加暴力等对职工造成的伤害,该暴力等伤害与履行工作职责应具有直接因果关系。即职工因履行工作职责在工作时间和工作场所内,遭受他人暴力等意外伤害的,才认定为工伤。

本案中,黄某因质量管理问题与张某发生争执,本属正常的履行工作职责。但后来黄某摘下安全帽向张某掷去,并在张某逃离工作岗位后仍予以追赶的行为,已经超出了其管理的职责范围,不属于履行工作职责的行为。此种情形下黄某遭受张某反击受伤与质量管理并无直接因果关系，不符合《工伤保险条例》第十四条第三款所规定的法定条件，因此不能被认定为工伤。

4.发生工伤后应及时提出工伤认定申请

根据《工伤保险条例》第十七条的规定，职工发生事故伤害或者按照职业病防治法规定被诊断、鉴定为职业病，所在单位应当自事故伤害发生之日或者被诊断、鉴定为职业病之日起30日内，向统筹地区社会保险行政部门提出工伤认定申请。遇有特殊情况，经报社会保险行政部门同意，申请时限可以适当延长。用人单位未在规定的时限内提交工伤认定申请，在此期间发生符合条例规定的工伤待遇等有关费用由该用人单位负担。用人单位未按照上述规定提出工伤认定申请的，工伤职工或者其近亲属、工会组织在事故伤害发生之日或者被诊断、鉴定为职业病之日起1年内，可以直接向用人单位所在地统筹地区社会保险行政部门提出工伤认定申请。

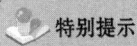特别提示：

工伤认定申请是具有时效性的，如果超过了规定的时效，劳动者就会丧失自己应有的权利，因此，一定要及时提出申请。并且，劳动者受伤后，相关的原始材料一定要自行保存好。由单位申报工伤认定的，劳动者本人或家属应与单位一起到社会保险行政部门申报。另外，在单位申报的情况下，劳动者一方也要不定期询问工作进度。

5. 申请工伤认定应提交哪些材料

提出工伤认定申请应当提交下列材料：

（1）工伤认定申请表。

（2）与用人单位存在劳动关系（包括事实劳动关系）的证明材料。

（3）医疗诊断证明或者职业病诊断证明书（或者职业病诊断鉴定书）。

工伤认定申请表应当包括事故发生的时间、地点、原因以及职工伤害程度等基本情况。工伤认定申请人提供材料不完整的，社会保险行政部门应当一次性书面告知工伤认定申请人需要补正的全部材料。申请人按照书面告知要求补正材料后,社会保险行政部门应当受理。社会保险行政部门应当自受理工伤认定申请之日起60日内作出工伤认定的决定,并书面通知申请工伤认定的职工或者其近亲属和所在单位。

6. 超过一年没有申请工伤认定,用人单位是不是就不用承担责任了

《工伤保险条例》规定职工发生事故伤害或者按照职业病防治法规定被诊断、鉴定为职业病,所在单位应当自事故伤害发生之日或者被诊断、鉴定为职业病之日起30日内向统筹地区社会保险行政部门提出工伤认定申请。用人单位未按规定提出工伤认定申请的,工伤职工或者其近亲属、工会组织在事故伤害发生之日或者被诊断、鉴定为职业病之日起1年内,可以直接向用人单位所在地统筹地区社会保险行政部门提出工伤认定申请。

五、工伤保险是农民工的安全网

工伤认定申请是用人单位的义务,从条例的规定来看,用人单位是"应当"申请,而劳动者一方是"可以"申请。劳动者没有在一年内申请工伤认定的,不因此而免除用人单位的法律责任。从性质上来看,工伤认定超期未申请只是丧失了向社会保险行政部门进行确认的权利,并不能因此而剥夺工伤职工获得工伤赔偿的权利。

工伤超期未申报,用人单位要承担工伤赔偿责任

李某系重庆某机械加工厂的汽车驾驶员,2007年4月2日,李某受用人单位指派履行出车任务,其间发生了交通事故,致李某受伤住院治疗。后李某的伤情经鉴定构成九级伤残,造成其经济损失计87 625.57元。李某受伤后,重庆某机械

加工厂未按规定申请工伤，李某自己亦未申请工伤认定，双方就赔偿问题多次协商无果。

2009年5月25日，李某申请劳动仲裁，劳动争议仲裁委员会以李某的仲裁申请证据不足为由，决定不予受理。李某遂提起诉讼，要求重庆某机械加工厂赔偿其医疗费、误工费、护理费等各项经济损失104 494.57元。重庆某机械加工厂以原、被告之间属劳动关系，李某怠于行使申请工伤认定的权利，从而导致申请工伤保险待遇的仲裁申请不予受理，李某应承担责任为由不愿承担赔偿责任。

法院经审理认为，李某受雇为被告重庆某机械加工厂的司机，在工作期间发生道路交通事故受伤，被告重庆某机械加工厂未提交证据证明李某属故意或重大过失造成此次事故，故李某因此次交通事故遭受的经济损失重庆某机械加工厂应当予以赔偿。重庆某机械加工厂未按规定为原告李某办理相关的工伤医疗保险，也未在李某发生交通事故后及时履行法定义务为李某申请工伤认定。现造成李某申请工伤认定时效已过，申请工伤保险待遇仲裁，被裁决不予受理，责任在用人单位。法院判决被告重庆某机械加工厂赔偿李某医疗费等共计 87 625.57 元。

点评：

我国工伤保险制度的建立，旨在通过社会保险的方式，一方面保护工伤职工的合法权益，另一方面分散用人单位的经营风险。对于工伤的申报，《工伤保险条例》虽然规定用人单位和工伤职工均可以申请，但对两者申报的规定并不一致，对于用人单位规定是"应当"申报，而对于工伤职工则规定的是"可以"申报。从法律语义上分析，"应当"是义务，而"可以"是权利，因此，即使工伤职工不申请工伤认定，也并不因此而免除用人单位的工伤申报义务，更不能因此而免除用人单位未申报工伤应承担的法律责任。

7. 工伤认定有争议时由何方承担举证责任

根据《工伤保险条例》第十九条第二款的规定，职工或者其近亲属认为是工伤，用人单位不认为是工伤的，由用人单位承担举证责任。

《工伤认定办法》第十七条进一步规定，用人单位拒不举证的，社会保险行政部门可以根据受伤害职工提供的证据或者调查取得的证据，依法作出工伤认定结论。

这里的举证责任是指在工伤认定中，用人单位与工伤职工或其亲属，对职工受到的事故伤害是否为工伤发生争议，用人单位对其认为不是工伤的事实有提供证据加以证明的责任。如果用人单位不能出示足够的证据证明职工受到的伤害不是工伤，那么，用人单位的诉求就得不到法律的支持。

五、工伤保险是农民工的安全网

特别提示:
受伤职工最好也要积极收集证据提交工伤认定部门,以利于作出工伤认定。

8. 怎样进行劳动能力鉴定

劳动能力鉴定,是由劳动能力鉴定委员会根据用人单位、工伤职工或其近亲属的申请,组织劳动能力鉴定医学专家,根据国家制定的标准,运用医学科学技术的方法和手段,确定劳动者劳动功能障碍程度和生活自理障碍程度的等级鉴定。劳动功能障碍分为 10 个伤残等级:一级至四级为全部丧失劳动能力,五级至六级为大部分丧失劳动能力,七级至十级为部分丧失劳动能力。生活自理障碍分为 3 个等级:生活完全不能自理、生活大部分不能自理、生活部分不能自理。

《工伤保险条例》规定,职工发生工伤,经治疗伤情相对稳定后存在残疾、影响劳动能力的,应当进行劳动能力鉴定。

鉴定申请应向设区的市级劳动能力鉴定委员会提出,并提交工伤认定决定和职工工伤医疗的有关资料。设区的市级劳动能力鉴定委员会收到申请后,应当从其建立的医疗卫生专家库中随机抽取3名或者5名相关专家组成专家组,由专家组提出鉴定意见。设区的市级劳动能力鉴定委员会根据鉴定意见作出鉴定结论。

9.对劳动能力鉴定结论不服该怎么办

申请鉴定的单位或者个人对该鉴定结论不服的,可以在收到鉴定结论之日起15日内向省、自治区、直辖市劳动能力鉴定委员会提出再次鉴定申请。省、自治区、直辖市劳动能力鉴定委员会作出的劳动能力鉴定结论为最终结论。劳动能力鉴定结论作出之日起1年后,工伤职工或其近亲属、所在单位或者经办机构认为伤残情发生变化的,可以向劳动能力鉴定委员会提出复查鉴定申请,劳动能力鉴定委员会依据国家标准对其进行鉴定,作出劳动能力鉴定结论。

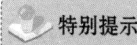
特别提示:
对劳动能力鉴定结论不服的一方,一定要在15日内提出再次鉴定申请。

10.因工受伤的农民工能享受哪些工伤保险待遇

作为农民工,如果因工作遭受事故伤害或者患职业病进行治疗,可享受工伤医疗待遇。需要注意的是,治疗工伤应当在签订服务协议的医疗机构就医,情况紧急时可以先到就近的医疗机构急救。治疗工伤所需费用符合工伤保险诊疗项目目录、工伤保险药品目录、工伤保险住院服务标准的,从工伤保险基金中支付。

这里特别说一下因工致残的情况:如果被鉴定为一级至四级伤残,可保留劳动关系,退出工作岗位,享受包括一次性伤残补助金、按月支付的伤残津贴等待遇;如被鉴定为五级至六级伤残,可享受一次性伤残补助金,保留劳动关系,并由用人单位安排适当工作;如被鉴定为七级至十级伤残,除享受一次性伤残补助金外,在劳动、聘用合同期满终止或者职工本人提出解除劳动、聘用合同后,由工伤保险基金支付一次性工伤医疗补助金,由用人单位支付一次性伤残就业补助金。

> **特别提示:**
> 这些待遇要根据受伤的不同情况分别享受,不是所有的工伤职工都能享受到上述全部待遇。

11. 因工致残一级至四级的农民工享受什么样的伤残待遇

《工伤保险条例》规定,职工因工致残被鉴定为一级至四级伤残的,保留劳动关系,退出工作岗位,享受以下待遇:

(1)从工伤保险基金中按伤残等级支付一次性伤残补助金,标准为:一级伤残为27个月的本人工资,二级伤残为

25个月的本人工资,三级伤残为23个月的本人工资,四级伤残为21个月的本人工资。

(2)从工伤保险基金中按月支付伤残津贴,标准为:一级伤残为本人工资的90%,二级伤残为本人工资的85%,三级伤残为本人工资的80%,四级伤残为本人工资的75%。伤残津贴实际金额低于当地最低工资标准的,由工伤保险基金补足差额。

(3)工伤职工达到退休年龄并办理退休手续后,停发伤残津贴,享受基本养老保险待遇。基本养老保险待遇低于伤残津贴的,由工伤保险基金补足差额。

职工因工致残被鉴定为一级至四级伤残的,由用人单位和职工个人以伤残津贴为基数缴纳基本医疗保险费。

12. 因工致残五级至六级的农民工享受什么样的伤残待遇

根据《工伤保险条例》的规定,五级、

六级伤残职工,可享受以下工伤待遇:

(1)从工伤保险基金中按伤残等级支付一次性伤残补助金,标准为:五级伤残为18个月的本人工资,六级伤残为16个月的本人工资。

(2)保留与用人单位的劳动关系,由用人单位安排适当工作。难以安排工作的,由用人单位按月发给伤残津贴,标准为:五级伤残为本人工资的70%,六级伤残为本人工资的60%,并由用人单位按照规定为其缴纳应缴纳的各项社会保险费。伤残津贴实际金额低于当地最低工资标准的,由用人单位补足差额。

(3)经工伤职工本人提出,该职工可以与用人单位解除或者终止劳动关系,由工伤保险基金支付一次性工伤医疗补助金,由用人单位支付一次性伤残就业补助金。一次性工伤医疗补助金和一次性伤残就业补助金的具体标准由省、自治区、直辖市人民政府规定。

五、工伤保险是农民工的安全网

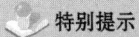 **特别提示：**

与一至四级工伤职工享受伤残津贴待遇不同，五级、六级工伤职工享受伤残津贴待遇是有条件限制的，即用人单位难以安排工作的。换言之，如果用人单位能够安排工作，则工伤职工应当按月领取工资报酬，而不能享受伤残津贴待遇。此外，五级、六级工伤职工的伤残津贴支付主体是用人单位，而不是工伤保险基金。

13. 因工致残七级至十级的农民工享受什么样的伤残待遇

根据《工伤保险条例》的规定，七级至十级伤残职工，可以享受以下工伤待遇：

（1）从工伤保险基金中按伤残等级支付一次性伤残补助金，标准为：七级伤残为13个月的本人工资，八级伤残为11个月的本人工资，九级伤残为9个月的本人工资，十级伤残为7个月的本人工资。

（2）劳动、聘用合同期满终止，或者职工本人提出解除劳动、聘用合同的，由工伤保险基金支付一次性工伤医疗补助金,由用人单位支付一次性伤残就业补助金。一次性工伤医疗补助金和一次性伤残就业补助金的具体标准由省、自治区、直辖市人民政府规定。

14. 工伤待遇中的"本人工资"怎么计算

在工伤待遇中,一次性伤残补助金、伤残津贴等工伤待遇的计算都与本人工资有直接关系。如何计算"本人工资"关系到工伤职工享受的工伤待遇的标准。

按照《工伤保险条例》的规定,工伤待遇中的本人工资,是指工伤职工因工作遭受事故伤害或者患职业病前12个月平均月缴费工资。本人工资高于统筹地区职工平均工资300%的,按照统筹地区职工平均工资的300%计算;本人工资低于统筹地区职工平均工资60%的,按照统筹地区职工平均工资的60%计算。

五、工伤保险是农民工的安全网

15. 用人单位没有为劳动者办理工伤保险，发生工伤事故单位无力承担工伤待遇，劳动者该怎么办

依法参加工伤保险并缴纳工伤保险费，是用人单位的法定义务，但一些用人单位抱着侥幸心理不参加工伤保险，一旦发生工伤事故，就采取各种措施逃避法律责任，严重侵害了工伤职工的合法权益。为了保障工伤职工的合法权益，2011年7月1日施行的《社会保险法》建立了工伤保险待遇先行支付制度，即职工所在用人单位未依法缴纳工伤保险费，发生工伤事故的，由用人单位支付工伤保险待遇。用人单位不支付的，从工伤保险基金中先行支付。工伤保险待遇先行支付制度保障的对象是未参加工伤保险且用人单位不支付工伤待遇的工伤职工。

16. 申请工伤待遇先行支付，需要什么条件

根据《社会保险基金先行支付暂行办法》的规定，有以下情况之一的，职工或者其近亲属可以持工伤认定决定书和有关材料向社会保险经办机构书面申请先行支付工伤保险待遇：

（1）用人单位被依法吊销营业执照或者撤销登记、备案的。

（2）用人单位拒绝支付全部或者部分费用的。

（3）依法经仲裁、诉讼后仍不能获得工伤保险待遇，法院出具中止执行文书的。

（4）职工认为用人单位不支付的其他情形。

17. 工伤职工的哪些待遇属于工伤先行支付的范围

工伤保险待遇先行支付制度对于保障未参保工伤职工的合法权益是具有重大意

义的，但工伤保险待遇先行支付的范围并不是无限的，并非对工伤职工的所有工伤待遇都一概予以支付。

在工伤保险待遇先行支付制度中，工伤保险基金仅承担应由基金承担的部分，包括治疗工伤期间的医疗、康复费用，住院伙食补助费、异地交通食宿费，一次性伤残补助金、因工死亡补助金、丧葬补助金、生活护理费、一至四级工伤职工按月领取的伤残津贴、一次性医疗补助金、供养亲属抚恤金等。

社会保险经办机构不依法履职，法院判决先行支付工伤待遇

王某系重庆某县某商贸公司汽车驾驶员。2011年7月16日，王某受公司安排，驾车搭载公司两名促销员外出工作。途中，由于车辆制动效能不良，致使车辆

在侧翻，造成王某等多人受伤、车辆受损的交通事故。王某遂向重庆某县人社局申请工伤认定，该局于2011年11月21日作出认定工伤决定书，认定"王某受到的事故伤害为工伤"。2012年11月23日，王某申请重庆某县劳动人事争议仲裁委员会仲裁，该委于2013年1月4日作出仲裁裁决书，裁决用人单位支付各项工伤待遇共计人民币809 439元。

由于用人单位不履行生效裁决，2013年2月16日，王某向县人民法院申请强制执行。本案在执行过程中，被执行人重庆某县某商贸公司暂无可供执行的财产，该院遂于2013年5月10日作出执行裁定书，裁定执行程序终结。

2013年6月25日，王某向某县医疗保险局递交工伤保险待遇先行支付申请，要求该局先行支付工伤保险待遇795 068元。2013年8月12日，某县医疗保险局对王某作出《关于不予先行支付王某工伤保险待遇的函》。王某对该决定不服，依

五、工伤保险是农民工的安全网

法向某县人民法院提起行政诉讼。某县人民法院经审理判决某县医疗保险局作出的《关于不予先行支付王某工伤保险待遇的函》适用法律法规错误，依法应予撤销，判令该局依法向王某先行支付工伤待遇。

点评：

从严格法律责任角度来说，用人单位未依法参加工伤保险、未依法缴纳工伤保险费，既是用人单位存在违法行为，也是社会保险征缴管理部门未充分依法履行职责。工伤保险待遇先行支付制度的颁布实施，既保障了工伤职工的合法权益，又促进了社会保险征缴管理部门依法履职，同时也打击了用人单位的违法行为。

六、农民工有权参加基本养老保险

1. 为什么要参加基本养老保险

基本养老保险不同于自愿选择的商业养老保险,它是按国家法律规定强制实施的一项保险制度,凡在实施范围内的单位和个人都必须参加。参加基本养老保险的根本目的是为了保障劳动者在年老时退出劳动岗位后的基本生活,使之老有所养。

我国的养老保险对象,原来只限于国有、集体企业职工,随着经济体制改革的深入,以公有制为主体的多种所有制、多种经济成分并存,使劳动者在不同地区之间、不同所有制之间频繁流动变得十分普遍。为解除城镇劳动者在择业时的后顾之忧,优化配置劳动资源,为社会安定和经济发展服务,必须把养老保险覆盖面扩大到各种所有制的劳动者。

六、农民工有权参加基本养老保险

《社会保险法》规定,"进城务工的农村居民依照本法规定参加社会保险",为农民工参加社会保险提供了法律依据。2014年,国务院印发《关于建立统一的城乡居民基本养老保险制度的意见》,将新型农村社会养老保险和城镇居民社会养老保险两项制度合并实施,在全国范围内建立起统一的城乡居民基本养老保险制度。

> **特别提示:**
> 参加基本养老保险既是一种权利,也是一种义务。参加养老保险的用人单位和农民工都要按规定缴纳基本养老保险费。

2. 参加基本养老保险可以享受什么样的养老保险待遇

按照规定,在《国务院关于建立统一的企业职工基本养老保险制度的决定》(1997年7月16日发布)实施后参加工作的参保人员,缴费年限累计满15年,退休后将按月发给基本养老金。基本养老金待遇水平与缴费年限的长短、缴费基数的高低、退休时间的早晚直接挂钩。对达到法定退休年龄,缴费年限未满15年的人员,可以转入户籍地城乡居民基本养老保险,合并年限,按国务院规定享受相应的养老保险待遇。当然,如果你坚持退保,经本人书面申请,社保经办机构也可以将你本人个人账户中的全部储存额一次性支付给本人。

> **特别提示:**
> 养老金待遇水平是与缴费的多少直接相关的,简单地说,多缴多得,即缴得越多,享受得越多。

3. 到其他城市就业的农民工的养老保险关系怎么办理

按照《城镇企业职工基本养老保险关系转移接续暂行办法》,参保人员跨省流动就业的,由原参保所在地社会保险经办机构开具参保缴费凭证,其基本养老保险关系应随同转移到新参保地。参保人员达到基本养老保险待遇领取条件的，其在各地的参保缴费年限合并计算，个人账户储存额累计计算；未达到待遇领取年龄前，不得终止基本养老保险关系并办理退保手续。

参保人员转移接续基本养老保险关系后，符合待遇领取条件的，按照国务院规定享受基本养老待遇。

4. 企业欠缴养老保险费对职工退休后的养老待遇有什么影响

企业欠缴养老保险费时，职工个人账户储存额将受到影响：一是社会保障机构停止向职工个人账户记账；二是职工个人账户储存金额减少；三是个人账户储存额记账利息的累计金额相对减少。这些将直接导致职工退休后的养老待遇下降。

另外，有些企业为了少缴费，往往瞒报职工工资总额。有的职工认为，现在少报点，少缴点保险费，等以后临近退休时再把缴费工资抬起来，也不会吃亏。这种想法是不现实的,因为国务院《关于建立统一的企业职工基本养老保险制度的决定》规定了保险待遇是与整个参保期间的缴费工资挂钩的,而不是与某个具体年份或月份的工资挂钩。

享受社会保险待遇是法律赋予劳动者的权利,每个职工都要自觉监督企业按时、足额缴纳社会保险费,维护自己的合法权益。

> **特别提示:**
> 如果发现用人单位不依法缴纳养老保险费,可向人力资源社会保障部门举报。

5. 进城从事个体经营的农民能否参加基本养老保险

根据国务院《关于完善企业职工基本养老保险制度的决定》的要求,城镇个体工商户和灵活就业人员都要参加基本养老保险;缴费基数统一为当地上年度在岗职工平均工资,缴费比例为20%,其中8%

六、农民工有权参加基本养老保险

记入个人账户；城镇个体工商户和灵活就业人员退休后按企业职工基本养老金计发办法计发待遇。

> 特别提示：
> 各地社会保险经办机构一般都设有专门的个人缴费窗口，以方便个人缴费。

用人单位与劳动者"协议缴费"要不得

2007年夏，某编织厂因业务量猛增急需人手，便招聘了15名农民工临时从事编织袋的生产和加工。该厂决定不为这15名农民工在社会保险所办理养老保险，而直接在他们的工资中增加"养老保险费"一项，再由15人以自由职业者名义自行办理养老保险。编织厂认为，这样做既可以免去为他们办理社会保险手续的麻烦，又可以因费基、费率相对较低而节约开支。编织厂将上述参保缴费方法写进了与15人分别签订的"临时用工协议"中。15名农民工担心失去宝贵的工作机会,均在协议书上签了字。2007年8月正值深入开展社会保险扩面征缴工作期间,通过法律政策的宣传,15名农民工认识到自己的养老保险权益受到了用人单位的侵害,集体向劳动保障部门投诉举报编织厂不为他们办理养老保险的行为,要求行政执法机关对违法者予以查处。劳动保障部门接报后立案调查,在查明事实的基础上,认定编织厂的行为属于"协议缴费"行为,责令该厂限期改正,为15名职工补办养老保险手续、补缴保险费。同时,劳动保障部门还对编织厂处以5 000罚款。

点评:

这是一起对"协议缴费"行为予以查处的案例。办理社会保险登记、申报手续及缴纳社会保险费的对象、期限、程序,

六、农民工有权参加基本养老保险

在《劳动法》《社会保险费征缴暂行条例》《社会保险登记管理暂行办法》和《社会保险费申报缴纳管理暂行办法》等法律、行政法规和规章中均有明确规定，属于强制性规定，用人单位和劳动者不得违反，也不得随意约定改变。本案例中的"协议缴费"是指编织厂未按国家有关社会保险的法律、政策为本单位劳动者办理社会保险登记、申报手续及缴纳社会保险费的行为，是违法行为。

七、农民工有权参加医疗、失业及生育保险

1. 农民工怎样参加医疗保险

根据国家有关规定,各地要逐步将与用人单位形成劳动关系的农民工纳入医疗保险范围,重点解决他们进城务工期间的大病医疗保障问题。根据农民工的特点和当地实际合理确定缴费率,用人单位和农民工本人应依法缴纳医疗保险费。

农民工患病时,可以按照规定享受有关医疗保险待遇,并且要完善农民工医疗保险结算办法,为患大病后自愿回原籍治疗的参保农民工提供医疗结算服务。有条件的地方,可直接将稳定就业的农民工纳入城镇职工基本医疗保险。

七、农民工有权参加医疗、失业及生育保险

> 特别提示：
> 在就医前应了解哪些费用不在医疗保险支付范围，可以避免一些不必要的开支。

2.农民工能够享受怎样的失业保险待遇

根据国务院《失业保险条例》规定，城镇企业事业单位招用的农民合同制工人应该参加失业保险，用人单位按规定为农民工缴纳失业保险费，农民工本人不缴费。单位招用的农民合同制工人连续工作满1年，本单位并已缴纳失业保险费，劳动合同期满未续订或者提前解除劳动合同的，由社会保险经办机构根据其工作时间长短，对其支付一次性生活补助。补助办法和标准由省、自治区、直辖市人民政府规定。

> 特别提示：
> 用人单位应为农民工办理失业保险，农民工本人不需要缴纳失业保险费。

3.农民工依法享受生育保险待遇

目前我国的生育保险制度还没有普遍建立,各地工作进展不平衡。从各地制定的规定看,有的地区没有将农民工纳入生育保险覆盖范围,有的地区则将农民工纳入了生育保险覆盖范围。

社会保险法出台之后,各地区已逐步将农民工纳入了生育保险覆盖范围,农民工所在单位应按规定为农民工缴纳生育保险费,符合规定条件的生育农民工依法享受生育保险待遇。

举案说法

企业为职工缴纳社会保险费
不能以现金支付

小余毕业后找了多家单位,最终进入一家连锁店工作,不久因工作肯干、能吃苦,很快被提升为店长。但小余发现,单位没有为自己缴纳社会保险费,遂与单位

七、农民工有权参加医疗、失业及生育保险

协商。单位称在小余工资中含有1 000元社保费补贴，如单位为其补缴社保费，须扣除每月工资中的社保费补贴。对此小余很纳闷儿，合同中说好每月工资6 000元，但并没说其中还包含有社保费用。在与单位协商未果的情况下，小余申请了仲裁，要求单位按工资基数为其补缴工作期间的社保费。仲裁委员会在审理中认为，双方确立劳动关系已无异议，按照国家有关规定，用人单位应为本单位职工缴纳工作期间的社会保险费。现在单位说每月在小余的工资里多支付了1 000元的社会保险费，应当向仲裁委员会提供相关的工资明细表，以证明在发放工资的总额中确含有社保费这一笔费用。但单位未能提供相关证据。因此，仲裁委员会裁决该单位应为小余缴纳工作期间的社会保险费。

点评：

本案例的焦点问题是单位可否将社会保险费以现金形式支付给职工。国务院

《社会保险费征缴暂行条例》第十二条规定:"缴费单位和缴费个人应当以货币形式全额缴纳社会保险费。缴费个人应当缴纳的社会保险费,由所在单位从其本人工资中代扣代缴。"也就是说,缴纳社保费应由单位在工资中代扣代缴,而不能以现金形式发放给职工。在此案例中单位未按国家规定操作,同时称以现金方式支付了社保费但又无法提供相关证据,因此对单位的主张无法支持。

八、农民工与用人单位发生劳动争议时怎么办

1. 发生劳动争议通过哪些程序解决

《劳动争议调解仲裁法》在加强劳动争议处理组织机构建设的同时,在《劳动法》所确立的劳动争议处理体制的基础上,总结实践经验,维持了现行劳动争议处理体制,即"协商、调解、一裁两审"的基本程序。具体规定如下:

一是规定发生劳动争议,劳动者可以与用人单位协商,也可以请工会或者第三方共同与用人单位进行协商,达成和解协议。

二是规定发生劳动争议,当事人不愿协商、协商不成或者达成和解协议后不履行的,可以向调解组织申请调解。

三是不愿调解、调解不成或者达成调解协议后不履行的,可以向劳动争议仲裁

委员会申请仲裁。

四是对仲裁裁决不服的,除本法另有规定外,可以向人民法院提起诉讼。

因此,劳动争议发生后,可以按照协商—调解—仲裁—诉讼的基本程序处理。其中,协商和调解是在双方当事人自愿的原则下选择进行的,而仲裁是劳动争议处理的必经程序,发生劳动争议当事人也可以直接申请仲裁,对仲裁裁决不服的,除《劳动争议调解仲裁法》另有规定外(即指其中第四十七条、第四十八条、第四十九条关于一裁终局的相关规定),可以依法向人民法院提起诉讼。

2. 什么是"一裁终局"制度?"一裁终局"还可以提起诉讼吗

针对劳动争议案件处理过程中存在部分用人单位进行恶意诉讼以拖延周期、加大劳动者维权成本的问题,《劳动争议调解仲裁法》做了特别的制度设计,即对部分劳动争议金额小或者事实清楚、案情简单的仲裁案件，实行"一裁终局"，规定下列劳动争议，除《劳动争议调解仲裁法》另有规定外，仲裁裁决为终局裁决，裁决书自作出之日起发生法律效力：（1）追索劳动报酬、工伤医疗费、经济补偿或者赔偿金，不超过当地月最低工资标准12个月金额的争议；（2）因执行国家的劳动标准在工作时间、休息休假、社会保险等方面发生的争议。

"另有规定"是指下列情形：

一是劳动者对"一裁终局"的仲裁裁决不服的，可以自收到仲裁裁决书之日起15日内向人民法院提起诉讼。

二是用人单位有证据证明"一裁终局"的仲裁裁决有法定情形的，可以自收到裁决书之日起30日内向劳动争议仲裁委员会所在地的中级人民法院申请撤销裁决。仲裁裁决被人民法院裁定撤销的，用人单位可以在收到裁定书之日起15日内就该劳动争议事项向人民法院提起诉讼。

这是赋予了双方当事人在"一裁终

局"制度下的诉权保护机制,也是对仲裁活动的司法监督机制,以更好地保护当事人特别是劳动者的合法权益。

> **特别提示:**
> 对于一裁终局中"不超过当地月最低工资标准十二个月金额"的理解,最高人民法院在《关于审理劳动争议案件适用法律若干问题的解释(三)》予以了明确,劳动者依据《调解仲裁法》第四十七条第(一)项规定,追索劳动报酬、工伤医疗费、经济补偿或者赔偿金,如果仲裁裁决涉及数项,每项确定的数额均不超过当地月最低工资标准12个月金额的,应当按照终局裁决处理。

3.哪些劳动争议可以提请劳动争议仲裁

劳动争议是指劳动关系双方当事人因为劳动权利义务发生分歧而引起的纠纷。下列劳动争议适用《劳动争议调解仲裁法》:(1)因确认劳动关系发生的劳动争议;(2)因订立、履行、变更、解除和终止劳动合同发生的争议；（3）因除名、辞退和辞职、离职发生的争议；（4）因工作时间、休息休假、社会保险、福利、培训以及劳动保护发生的争议；（5）因劳动报酬、工伤医疗费、经济补偿或者赔偿金等发生的争议；（6）法律、法规规定的其他劳动争议。

劳动争议仲裁委员会撤销公司的开除决定是正确的

陈某是某副食品公司下属车队的货车驾驶员，与副食品公司订立有期限至2009年的劳动合同。2007年春节前夕，副食品公司由于运输业务量激增，原有车辆不能满足需求，就从其他单位借来一辆货车，并临时安排陈某驾驶。当陈某得知这辆车是国家明令禁止运营的拼装车时，便以上路后不安全为由表示不愿出车。车队负责人反复对陈某进行劝说，但陈某仍拒绝出车。2007年3月，副食品公司以陈某在节日运输高峰期间不服从单位调度、拒绝正常工作、给该公司造成重大经济损失为由，决定给予陈某开除处分，解除其劳动合同。陈某不服，向当地劳动争议仲裁委员会提请仲裁，请求裁决撤销开除决定。劳动争议仲裁委员会经过立案、审理，作出裁决，撤销了副食品公司对陈某作出的开除决定，恢复双方的劳动关系。双方应继续履行劳动合同。

点评：

根据2001年6月16日起施行的国务院第307号令《报废汽车回收管理办法》第十五条、第二十六条的规定，禁止拼装车上路行驶，拼装车上路行驶的，由公安机关予以没收，并对肇事人或单位处以罚款。副食品公司向其他单位借来拼装车，并安排司机驾驶上路的行为是置道路交通安全和生命、财产安全于不顾，且应当受到行政处罚的严重违法行为。

《劳动法》第五十六条规定:"劳动者对用人单位管理人员违章指挥、强令冒险作业,有权拒绝执行。"《安全生产法》第四十六条也规定:"从业人员有权拒绝违章指挥和强令冒险作业。生产经营单位不得因从业人员拒绝违章指挥、强令冒险作业而解除与其订立的劳动合同。"驾驶员陈某拒绝按照副食品公司车队负责人的指令驾驶拼装车上路是在行使法律赋予其的权利,而决不是严重违反企业的规章制度和劳动纪律的行为。副食品公司以不服从单位的工作安排和调度,违反劳动纪律为由开除陈某的做法是错误的。

劳动争议仲裁委员会据此裁决支持陈某请求,撤销副食品公司的开除决定。

4. 在劳动争议处理中举证责任是怎样分配的

我国民事案件举证责任的一般原则是"谁主张,谁举证",而对于一些特殊侵权案件则实行"举证责任倒置"。劳动争议案件与一般民事案件不同，具有一定的特殊性。一方面是劳动者和用人单位在订立劳动合同时处于平等的法律地位；另一方面是在劳动合同履行过程中，用人单位处于管理和支配的地位，劳动者处于被管理和被支配的地位，对用人单位具有人身隶属性。这种特点决定了劳动争议案件举证责任不能适用一般民事法律关系举证分配原则，而应根据劳动法的立法精神和民事诉讼法的公平原则，按照劳动争议的性质、当事人对证据的控制情况、收集证据能力的强弱等因素来分配当事人的举证责任。

因此，《劳动争议调解仲裁法》规定：发生劳动争议，当事人对自己提出的主张，有责任提供证据。这是劳动争议处理的一般举证原则，即双方当事人都有责任举证来支持自己的主张。同时，又考虑到用人单位一方在劳动争议过程中，往往占据着信息和资源的优势，特别是掌握和管理着劳动者的档案、工资发放、社会保险缴纳、劳动保护提供等情况和材料，劳动者一般无法取得和提供，因此对用人单位承担举证责任又做了特别规定：与争议事项有关的证据属于用人单位掌握管理的，用人单位应当提供；用人单位不提供的，应当承担不利后果。这是基于劳动关系的特点，按照公平合理的原则，对用人单位承担的举证责任的倾斜性的规定。

5. 发生劳动争议时，向哪个劳动争议仲裁委员会申请仲裁

《劳动争议调解仲裁法》规定，劳动争议仲裁委员会负责管辖本区域内发生的劳动争议。劳动争议由劳动合同履行地或者用人单位所在地的劳动争议仲裁委员会管辖。发生劳动争议，当事人可以向上述任何一个劳动争议仲裁委员会提起仲裁申请。但是，如果劳动者和用人单位双方当事人分别向用人单位所在地或者劳动合同履行地的劳动争议仲裁委员会申请仲

裁的,《劳动争议调解仲裁法》规定,由劳动合同履行地的劳动争议仲裁委员会管辖。

6. 申请劳动争议仲裁的时效是怎样规定的

劳动争议仲裁时效是指为了依法维护当事人的合法权益,促使当事人及时行使权利,便于劳动争议仲裁委员会查明案件事实,正确处理争议,而规定当事人应当在一定期限内提起仲裁申请的期间。《劳动法》规定,提出仲裁要求的一方应当自劳动争议发生之日起60日内向劳动争议仲裁委员会提出书面申请。这是目前我国关于仲裁时效的法律规定。这一时效规定是为了尽快解决劳动争议,但在劳动争议处理实践中,由于劳动争议的情况很复杂,当事人难以都在60日内申请仲裁,往往因为时效期间过短,而影响了当事人合法权益的保护。

为了更好地保护当事人的合法权益,

《劳动争议调解仲裁法》大大延长了《劳动法》所规定的时效期间,规定劳动争议申请仲裁的时效期间为1年,仲裁时效期间从当事人知道或者应当知道其权利被侵害之日起计算。针对实践中拖欠劳动报酬、侵害劳动者权益的现象突出,为了更好地保护劳动者合法权益,《劳动争议调解仲裁法》又做了特别规定:劳动关系存续期间因拖欠劳动报酬发生争议的,劳动者申请仲裁不受上述仲裁时效期间的限制;但是,劳动关系终止的,应当自劳动关系终止之日起1年内提出。

7. 劳动仲裁的申请时效能不能中止或中断

为了构建完整的劳动争议仲裁时效制度,更好地保护包括农民工在内的劳动者的合法权益,《劳动争议调解仲裁法》还进一步完善了时效中断和时效中止制度。

时效中断是指劳动争议仲裁时效期

间，因农民工一方向用人单位主张权利，或者向有关部门请求权利救济，或者用人单位同意履行义务而中断。从中断时起，时效期间重新计算。

时效中止是指因不可抗力或者有其他正当理由，农民工不能在法律规定的时效期间内申请仲裁的，时效中止。从中止时效的原因消除之日起，时效期间继续计算。

8. 在仲裁程序中，有哪些情形可以提起诉讼

《劳动争议调解仲裁法》规定，在下列情形下，农民工或者用人单位可以提起诉讼，请求司法救济。

一是《劳动争议调解仲裁法》规定，劳动争议仲裁委员会收到仲裁申请之日起五个工作日内，应当作出受理或者不予受理的决定。对劳动争议仲裁委员会作出不予受理书面通知或者逾期未作出受理决定的，申请人可以就该劳动争议事项向人民

八、农民工与用人单位发生劳动争议时怎么办

法院提起诉讼。

二是劳动争议仲裁委员会逾期未作出仲裁裁决的,当事人可以向人民法院提起诉讼。所谓逾期,是指根据《劳动争议调解仲裁法》规定,劳动争议仲裁委员会裁决劳动争议案件,应当自收到仲裁申请之日起45日内结束。案情复杂需要延期的,经劳动争议仲裁委员会主任批准,可以延期并书面通知当事人,但是延长期限不得超过15日。也就是说,劳动争议仲裁委员会审理劳动争议案件,最长不得超过60日。如果劳动争议仲裁委员会超过这一法定期限未作出裁决的,当事人可以向人民法院提起诉讼,请求人民法院依法审理。

三是规定当事人对"一裁终局"规定以外的其他劳动争议案件的仲裁裁决不服的,可以自收到仲裁裁决书之日起15日内向人民法院提起诉讼。

四是劳动者对"一裁终局"的仲裁裁决不服的,可以自收到仲裁裁决书之日起

15日内向人民法院提起诉讼。这是赋予了劳动者一方在"一裁终局"制度下的诉权保护机制,意在更好地保护劳动者的合法权益。

五是用人单位有证据证明"一裁终局"的仲裁裁决有法定情形的,可以自收到裁决书之日起30日内向劳动争议仲裁委员会所在地的中级人民法院申请撤销裁决。仲裁裁决被人民法院裁定撤销的,用人单位可以在收到裁定书之日起15日内就该劳动争议事项向人民法院提起诉讼。这表明对于用人单位一方在"一裁终局"制度下,也赋予了一定条件的诉权,不过从法定条件和程序要求上较之劳动者,更为严格。

可见,《劳动争议调解仲裁法》在《劳动法》所确立的"先裁后审、裁审衔接"基本体制的基础上,又进一步完善了仲裁与诉讼的衔接机制,以更好地保护当事人的合法权益。

9.哪些情况下仲裁委员会可以做出先行给付的部分裁决

与用人单位发生劳动争议申请仲裁时,劳动者一般都处于"弱者"地位。有时会出现这样的情形:劳动者因用人单位拖欠工资申请仲裁,但家庭生活困难,如果等到做出裁决并发生法律效力后再执行,会导致劳动者无法维持正常生活。还有的劳动者因患病被用人单位解除劳动合同,致使治病和生活都遇到困难。在上述情况下,劳动者可以请求仲裁委员会作出预先支付劳动者部分工资或者医疗费用的裁决,要求用人单位先行给付。

根据规定,劳动争议仲裁委员会对属于下列紧急情形之一的劳动争议案件,经过初步审理后,可以采取"部分裁决"的形式裁决用人单位预先支付劳动者工资、医疗费等:

(1)用人单位无故拖欠、扣罚或停发工资超过3个月,致使劳动者生活确无基本保障的。

（2）劳动者因工负伤，用人单位不支付急需的医疗费的。

（3）劳动者患病，在规定的医疗期内，用人单位不支付急需的医疗费的。

为了维持部分裁决的法律效力，最高人民法院又规定，当事人不服劳动争议仲裁委员会作出的预先支付劳动者部分工资或者医疗费用的裁决，向人民法院起诉的，人民法院不予受理。用人单位不履行上述裁决中的给付义务，劳动者依法向人民法院申请强制执行的，人民法院应予以受理。

10. 劳动争议仲裁怎么收费

《劳动争议调解仲裁法》规定，劳动争议仲裁不收费。劳动争议仲裁委员会的经费由财政予以保障。这就是说，从2008年5月1日《劳动争议调解仲裁法》生效实施之日起，当事人向劳动争议仲裁委员会申请仲裁的，不再缴纳任何费用。

九、农民工怎样通过劳动保障监察来维权

1. 劳动保障监察机构受理哪些方面的投诉

根据《劳动保障监察条例》《关于实施〈劳动保障监察条例〉若干规定》等规定,对符合下列条件的投诉,劳动保障行政部门应当在接到投诉之日起5个工作日内依法受理,并于受理之日立案查处:

(1)违反劳动保障法律的行为发生在2年内的。

(2)有明确的被投诉用人单位,且投诉人的合法权益受到侵害是被投诉用人单位违反劳动保障法律的行为所造成的。

(3)属于劳动保障监察职权范围并由受理投诉的劳动保障行政部门管辖。

对不符合第(1)项规定的投诉,劳动保障行政部门应当在接到投诉之日起5

个工作日内决定不予受理,并书面通知投诉人。

对不符合第(2)项规定的投诉,劳动保障监察机构应当告知投诉人补正投诉材料。

对不符合第(3)项规定的投诉,即对不属于劳动保障监察职权范围的投诉,劳动保障监察机构应当告知投诉人;对属于劳动保障监察职权范围但不属于受理投诉的劳动保障行政部门管辖的投诉,应当告知投诉人向有关劳动保障行政部门提出。

2. 怎样向劳动保障监察部门投诉

向劳动保障监察部门投诉时,投诉人应当向劳动保障行政部门递交投诉文书,而不应仅是口头叙述。投诉文书应当写明投诉人的姓名、性别、年龄、职业、工作单位、住所和联系方式,被投诉用人单位的名称、住所、法定代表或主要负责人的姓名和职务,以及合法权益受到侵害的事实和投诉请求事项。

同时,劳动者要特别注意,违反劳动保障法律的行为必须发生在2年内,有明确的被投诉用人单位,且投诉人的合法权益受到侵害是由被投诉用人单位违反劳动保障法律的行为所造成的。

劳动者还要注意受理时限,即劳动保障行政部门对违反劳动保障法律的行为的调查,应当自立案之日起60个工作日内完成,情况复杂的,经劳动保障行政部门负责人批准,可以延长30个工作日。另外,投诉前一定要保存好有效证据,如劳动合同等,没有合同的一定要保存工资条、饭票、工作牌、出入证、安全证等,这些都有可能作为证明劳动关系曾经存在的有效证据。

3. 劳动保障监察部门可以对哪些事项实施监察

根据国务院《劳动保障监察条例》的规定,劳动保障行政部门对下列事项实施

劳动保障监察:

(1) 用人单位制定内部劳动保障规章制度的情况。

(2) 用人单位与劳动者订立劳动合同的情况。

(3) 用人单位遵守禁止使用童工规定的情况。

(4) 用人单位遵守女职工和未成年工特殊劳动保护规定的情况。

(5) 用人单位遵守工作时间和休息休假规定的情况。

(6) 用人单位支付劳动者工资和执行最低工资标准的情况。

(7) 用人单位参加各项社会保险和缴纳社会保险费的情况。

(8) 职业介绍机构、职业技能培训机构和职业技能考核鉴定机构遵守国家有关职业介绍、职业技能培训和职业技能考核鉴定的规定的情况。

(9) 法律、法规规定的其他劳动保障监察事项。

十、农民工如何提起行政复议或者行政诉讼

1. 对人力资源社会保障部门的哪些行为可以提起行政复议

按照法律规定,如果对人力资源社会保障部门作出的下列具体行政行为不服,当事人可以申请行政复议:

(1)对人力资源社会保障部门作出的行政处罚决定不服的。

(2)认为符合法定条件,申请人力资源社会保障部门办理许可证、资格证等行政许可手续,人力资源社会保障部门拒绝办理或者在法定期限内没有依法办理的。

(3)对人力资源社会保障部门作出的有关许可证、资格证等变更、中止、取消的决定不服的。

(4)认为符合法定条件,申请人力资源社会保障部门审批、审核、登记有关事

项,人力资源社会保障部门没有依法办理的。

(5)申请人力资源社会保障部门依法履行保护劳动者获取劳动报酬权、休息休假权、社会保险权等法定职责,人力资源社会保障部门没有依法履行的。

(6)认为人力资源社会保障部门违法收费或者违法要求履行义务的。

(7)对人力资源社会保障部门认定工伤的具体行政行为不服的。

对农民工朋友来说,主要会涉及到第(5)项、第(7)项的内容,即对人力资源社会保障部门不履责或工伤认定不服的,可以依法提起行政争议。

2. 如何申请行政复议

根据《行政复议法》及其他相关法律规定,行政复议应在从知道人力资源社会保障部门作出具体行政行为之日起60日内提出行政复议申请。申请行政复议一般应当以书面形式提出,也可以口头形式提出。对于口头申请的,行政机关应当当场记录申请人的基本情况、行政复议请求及申请行政复议的主要事实、理由和时间,并请申请人签字或者盖章。对人力资源社会保障行政部门作出的具体行政行为不服的,既可以向本级人民政府,也可以向上一级人力资源社会保障行政部门申请行政复议。认为社会保险经办机构在经办社会保险事务时侵犯了自己的合法权益,应向直接管理该经办机构的人力资源社会保障行政部门申请行政复议。

3. 对行政复议决定不服怎么办

根据《行政复议法》《行政诉讼法》的规定,对行政复议决定不服的,可以在收到复议决定书之日起15日内向人民法院提起行政诉讼。

4. 法律援助是农民工的希望

为了保障经济困难的公民获得必要的法律服务,努力让人民群众在每个司法案件中都感受到公平正义,各级政府法律援助部门和民间公益组织积极投身于帮助农民工的事业中来,并取得了良好的效果。

农民工朋友在遇到法律问题时,可拨打当地法律援助热线或向法律援助机构咨询,符合条件的可申请法律援助。